AF257086

İtalyan Mutfak Sanatı Lezzetlerin İzinde

Lara Cevher

İÇERİK

Et suyunda erişte ekmek 9

Tirol çörek köfte 11

Yeşil fasulye ve sosis çorbası 14

Hindiba çorbası ve köfte 17

çorba "evli" 20

Toskana balık çorbası 23

Parçalı balık çorbası 26

Deniz ürünleri, makarna ve fasulye çorbası 28

Domates suyunda midye ve istiridye 32

Marinara sosu 35

Taze Domates Sosu 37

Sicilya usulü domates sosu 39

Toskana usulü domates sosu 42

Pizza Sosu 45

"sahte" et sosu 47

Pembe sos 50

Soğanlı domates sosu 52

kavrulmuş domates sosu 54

Abruzzo tarzında Ragù 56

Napoliten yahni 59

sosis yahni 63

Mart tarzında Ragout 65

Toskana et sosu 68

Bolonya ragu 72

ördek yahni 75

Tavşan veya tavuk yahni 78

Porcini ve Et Ragu 81

Taze otlar ile domuz eti yahnisi 84

Trüf etli yahni 87

Tereyağı ve adaçayı sosu 91

kutsal yağ 93

Fontina peynir sosu 94

Beşamel sos 95

Sarımsaklı sos 97

Yeşil sos 99

Sicilya sarımsak ve kapari sosu 101

Maydanoz ve yumurta sosu 103

Kırmızı biber ve domates sosu 106

zeytin sosu 108

Güneşte kurutulmuş domates sosu 109

Molise usulü biber sosu 110

zeytinyağı mayonezi 112

Sarımsak, yağ ve acı biberli linguine 115

Sarımsaklı ve zeytinli spagetti 117

Pestolu linguine 119

Cevizli ince spagetti 122

Güneşte kurutulmuş domatesli linguine 124

Kırmızı biber, pecorino ve fesleğenli spagetti 126

Kabak, fesleğen ve yumurtalı penne 130

Bezelye ve yumurtalı makarna 133

Yeşil fasulye, domates ve fesleğenli linguine 136

Patates kremalı ve rokalı kulaklar 139

Makarna ve patates 141

Karnabahar ve peynirli kabuklar 144

Karnabahar, safran ve kuş üzümü ile makarna 146

Enginar ve bezelye ile kelebekler 149

Enginar ve domuzlu fettuccine 152

Patlıcan yahnisi ile Rigatoni 156

Patlıcanlı Sicilya spagetti 159

Brokoli, domates, çam fıstığı ve kuru üzümlü kelebekler 162

Sarımsaklı sebzeler ve patatesli Cavatelli 164

Kabak Linguini 167

Izgara sebzeli penne 169

Mantarlı, sarımsaklı ve biberiyeli penne 173

Pancar ve sarımsaklı linguine 175

Pancar ve yeşilliklerle papyon 177

Salatalı makarna 180

Közlenmiş domatesli düdük 182

Patates, domates ve roka ile dirsekler 185

Rustik Roma Tarzı Linguine 188

Bahar sebzeli ve sarımsaklı penne 190

Kremalı ve mantarlı "Arrastrada" makarna 192

Domates ve mozarellalı Roma makarnası 195

Ton balıklı ve domatesli düdük 197

Sicilya pestolu Linguine 199

Pesto "Loco" ile spagetti 201

Çiğ Puttanesca soslu kelebekler 203

Çiğ sebzeli makarna 205

Spagetti "Acele et" 207

Penne "kızgın" 210

Ricotta ve domates soslu Rigatoni 212

Kiraz domatesli ve ekmek kırıntılı kelebekler 214

buğulanmış istiridye 216

Nohutlu makarna 218

Rigatoni Rigoletto 220

Et suyunda erişte ekmek

Brod'daki Passatelli

6 porsiyon yapar

Passatelli erişteKuru ekmek kırıntıları ve rendelenmiş peynir ile çırpılmış yumurtalardan yapılan erişte benzeri hamur şeritleridir. Hamur, patates eziciye veya yiyecek öğütücüye benzer bir cihazdan doğrudan kaynayan et suyuna geçirilir. Bazı aşçılar hamura biraz taze rendelenmiş limon kabuğu ekler. Et suyundaki Passatelli, bir zamanlar Emilia-Romagna'da geleneksel bir Pazar yemeğiydi ve ardından kızartma yapılırdı.

8 ev yapımı bardak<u>Et suyu</u>herhangi biri<u>Tavuk çorbası</u>veya yarısı mağazadan satın alınan stok ve yarısı su karışımı

3 büyük yumurta

1 bardak taze rendelenmiş Parmigiano-Reggiano ve servis için daha fazlası

2 yemek kaşığı taze düz yapraklı maydanoz, çok ince doğranmış

1/4 çay kaşığı rendelenmiş hindistan cevizi

Yaklaşık 3/4 bardak kuru ekmek kırıntısı

1.Gerekirse suyu hazırlayın. Daha sonra yumurtaları geniş bir kapta birleşene kadar çırpın. Peyniri, maydanozu ve hindistan cevizini pürüzsüz hale gelinceye kadar karıştırın. Pürüzsüz, kalın bir macun elde etmek için yeterli miktarda ekmek kırıntısı ekleyin.

iki.Taze değilse, suyu büyük bir tencerede kaynatın. Et suyunu tadın ve gerekirse baharat ekleyin.

3.Tencerenin üzerine büyük delikli bıçağı, patates ezicisini veya büyük delikli süzgeci olan bir yiyecek değirmeni yerleştirin. Peynir karışımını bir öğütücü veya süzgeçten geçirerek kaynayan et suyuna aktarın. 2 dakika kısık ateşte pişirin. Ateşten alın ve servis yapmadan önce 2 dakika dinlendirin. İlave peynirle sıcak servis yapın.

Tirol çörek köfte

Canederli

4 porsiyon yapar

Kuzey İtalya'da Avusturya sınırına yakın aşçılar, Emilia Romagna'da yapılan passatelli köftelerden oldukça farklı çörek köfteleri hazırlıyor. Avusturya knödel'ine benzer şekilde, canederli tam buğday veya çavdar ekmeğinden yapılır, salam (kaba öğütülmüş domuz etinden yapılan kuru bir sosis) veya bologna (hindistan cevizi ile tatlandırılmış çok ince öğütülmüş domuz etinden yapılan ince bir sosis) ve genellikle bütün antep fıstığı ile tatlandırılır. . Sıvı içinde haşlanır, daha sonra et suyunda servis edilir, ancak domates veya tereyağı sosuyla da iyidirler.

8 ev yapımı bardak<u>Et suyu</u>herhangi biri<u>Tavuk çorbası</u>veya yarısı mağazadan satın alınan stok ve yarısı su karışımı

4 su bardağı çekirdeksiz çavdar ekmeği veya bir günlük tam buğday ekmeği

1 bardak süt

2 yemek kaşığı tuzsuz tereyağı

1½ su bardağı doğranmış soğan

3 ons salam, bolonez veya füme jambon, ince doğranmış

2 büyük yumurta, dövülmüş

2 yemek kaşığı doğranmış taze frenk soğanı veya taze düz yapraklı maydanoz

Tuz ve taze çekilmiş karabiber

Yaklaşık 1 su bardağı çok amaçlı un

½ bardak taze rendelenmiş Parmigiano-Reggiano

1. Gerekirse suyu hazırlayın. Daha sonra ekmeği büyük bir kapta sütün içinde ara sıra karıştırarak 30 dakika bekletin. Ekmek dağılmaya başlamalıdır.

iki. Küçük bir tavada, orta ateşte tereyağını eritin. Soğanı ekleyin ve sık sık karıştırarak altın rengi olana kadar yaklaşık 10 dakika pişirin.

3. Tava içeriğini ekmeğin üzerine kazıyın. Et, yumurta, frenk soğanı veya maydanozu ekleyin ve tuz ve karabiberle

tatlandırın. Karışımın şeklini koruması için yeterli miktarda unu azar azar ekleyin. 10 dakika bekletin.

Dört. Ellerinizi soğuk suyla ıslatın. Karışımdan yaklaşık 1/4 bardak alın ve top haline getirin. Topu unla kaplayın. Hamur topunu bir parça yağlı kağıdın üzerine yerleştirin. Kalan karışımla tekrarlayın.

5.Büyük bir tencereye suyu kaynatın. Suyu kaynatmak için ısıyı azaltın. Köftelerin yarısını veya tencereyi aşırı doldurmayacak kadar dikkatlice yerleştirin. 10 ila 15 dakika veya köfteler pişene kadar pişirin. Delikli bir kaşık kullanarak köfteleri bir tabağa aktarın. Kalan köfteleri de aynı şekilde pişirin.

6.Çorbayı servis etmeye hazır olduğunuzda et suyunu kısık ateşte ısıtın. Köfteleri ekleyin ve 5 dakika veya iyice ısınana kadar pişirin. Köfteleri et suyunda rendelenmiş peynirle servis edin.

Yeşil fasulye ve sosis çorbası

Zuppa di Fagiolini

4 porsiyon yapar

Küçükken bir yaz, New York'un Long Island kıyılarında Viktorya döneminden kalma güzel bir evi olan büyük teyzemi ziyaret ettim. Her gün, en az üç çeşit yemek bekleyen kocası için özenle hazırlanmış öğle ve akşam yemekleri pişiriyordu. Bu da yapacağım çorbalardan biriydi.

Bu çorba için orta taneli pirinç kullanıyorum, risotto için kullandığım türden çünkü genellikle evde yediğim şey bu, ama uzun taneli pirinç de işe yarar.

2 yemek kaşığı zeytinyağı

1 orta boy soğan doğranmış

1 kırmızı veya sarı dolmalık biber, doğranmış

3 İtalyan domuz sosisi

2 büyük domates (soyulmuş, çekirdeği çıkarılmış ve doğranmış) veya 1 su bardağı konserve domates (doğranmış)

8 ons yeşil fasulye, kesilmiş ve küçük parçalar halinde kesilmiş

bir tutam toz kırmızı biber

Tuz

3 bardak su

1Arborio gibi 1/4 bardak orta taneli pirinç

1.Orta boy bir tavaya yağı dökün. Soğanı, dolmalık biberi ve sosisi ekleyin ve ara sıra karıştırarak sebzeler yumuşayana ve sosis hafifçe kızarana kadar yaklaşık 10 dakika pişirin.

iki. Tatlandırmak için domates, yeşil fasulye, ezilmiş kırmızı biber ve tuz ekleyin. 3 su bardağı soğuk su ekleyip kaynamaya bırakın. Isıyı azaltın ve 15 dakika pişirin.

3.Sosisleri bir tabağa aktarın. Sosisleri ince dilimler halinde kesin ve tencereye geri koyun.

Dört. Pirinci ekleyin ve pirinç yumuşayana kadar 15 ila 20 dakika daha pişirin. Sıcak servis yapın.

Hindiba çorbası ve köfte

Zuppa di Scarola ve Polpettini

6 ila 8 porsiyon yapar

Bu, sadece tatillerde ve özel günlerde yememize rağmen, büyürken en sevdiğim çorbaydı. Hala dayanamıyorum ve sık sık yapıyorum.

4 yerli litreTavuk çorbasıveya yarısı mağazadan satın alınan stok ve yarısı su karışımı

1 orta boy hindiba kafası (yaklaşık 1 pound)

3 büyük havuç, doğranmış

köfteler

1 pound sığır eti veya kıyma dana eti

2 büyük yumurta, dövülmüş

1 1/2 su bardağı soğan, çok ince doğranmış

1 bardak ekmek kırıntısı

1 bardak taze rendelenmiş Pecorino Romano, ayrıca servis için daha fazlası

1 çay kaşığı tuz

tatmak için taze çekilmiş karabiber

1.Gerekirse suyu hazırlayın. Daha sonra, hindibayı kesin ve çürük yaprakları atın. Sapın uçlarını kesin. Yaprakları ayırın ve özellikle kirin biriktiği yaprakların orta kısımlarını soğuk suyla iyice yıkayın. Yaprakları istifleyin ve çapraz olarak 1 inçlik şeritler halinde kesin.

iki.Büyük bir tencerede et suyunu, hindibayı ve havuçları birleştirin. Kaynatın ve 30 dakika pişirin.

3.Bu arada köfteleri hazırlayın: Tüm köfte malzemelerini geniş bir kapta birleştirin. Ellerinizi (veya küçük bir ölçüm kabı dağıtıcısını) kullanarak karışımı küçük üzüm büyüklüğünde küçük toplar haline getirin ve bir tabağa veya tepsiye yerleştirin.

Dört.Sebzeler hazır olunca köfteleri tek tek yavaşça çorbaya bırakın. Köfteler pişene kadar, yaklaşık 20 dakika kısık ateşte

pişirin. Baharatı tadın ve ayarlayın. Üzerine rendelenmiş
Pecorino Romano serperek sıcak servis yapın.

çorba "evli"

Bakan Maritata

10 ila 12 porsiyon yapar

Pek çok kişi bu Napoliten çorbasının adını düğün resepsiyonlarında servis edildiği için aldığını varsayıyor, ancak aslında "evli", etin lezzetleri ile ana malzemeler olan çeşitli sebzelerin birleşimini ifade ediyor. Bu çok eski bir tarif, bir zamanlar insanların her gün yedikleri bir yemekti, bulabildikleri et ve sebze kalıntılarını da ekliyorlardı. Soğuk bir günde bundan daha tatmin edici bir yemek düşünemesem de, bu günlerde biraz eski moda sayılıyor.

Aşağıda listelenen sebzelerin yerine pazı, hindiba, lahana veya lahana kullanılabilir. Soppressata veya prosciuttolu jambon kemiği yerine Cenova veya başka bir İtalyan salamı deneyin. En iyi lezzet için çorbayı servis yapmadan bir gün önce hazırlayın.

1 kiloluk etli domuz kaburga (ülke usulü domuz kaburga)

1 kemik prosciutto (isteğe bağlı)

2 orta boy havuç, dilimlenmiş

2 kaburga yapraklı kereviz

1 orta boy soğan

1 pound İtalyan domuz sosisi

1 kalın dilim ithal İtalyan jambonu (yaklaşık 4 ons)

1 adet 4 oz soppressata

bir tutam toz kırmızı biber

1 1/2 pound (1 küçük baş) hindiba, kesilmiş

1 pound (1 orta boy demet) kesilmiş brokoli

1 pound (yaklaşık yarım küçük baş) lahana, kıyılmış

8 ons brokoli, çiçeklere bölünmüş (yaklaşık 2 bardak)

taze rendelenmiş Parmigiano-Reggiano

1.Büyük bir tencerede 5 litre suyu kaynatın. Domuz kaburgalarını, kullanıyorsanız prosciutto kemiklerini, havuç, kereviz ve soğanı ekleyin. Isıyı en aza indirin ve orta ateşte 30 dakika pişirin.

iki.Yüzeye çıkan köpüğü alın. Sosis, prosciutto, soppressata ve ezilmiş kırmızı biberi ekleyin. Domuz kaburgaları yumuşayana kadar yaklaşık 2 saat pişirin.

3.Bu arada tüm sebzeleri yıkayıp doğrayın. Büyük bir tencereye suyu kaynatın. Sebzelerin yarısını ekleyin. Kaynatın ve 10 dakika pişirin. Delikli bir kaşık kullanarak sebzeleri büyük bir kasenin üzerindeki elek üzerine aktarın. Kalan sebzeleri de aynı şekilde pişirin. İyice boşaltın ve soğumaya bırakın. Soğuduktan sonra sebzeleri küçük parçalar halinde kesin.

Dört.2 saat piştikten sonra eti ve sosisleri et suyundan çıkarın. Kemikleri atın ve etleri ve sosisleri küçük parçalar halinde kesin.

5.Et suyunu biraz soğumaya bırakın. Et suyundan yağı alın. Stoku ince bir elekten geçirerek büyük, temiz bir tencereye süzün. Eti et suyuna geri koyun. Sebzeleri ekleyin. Kaynamaya dönün ve 30 dakika pişirin.

6.Üzerine rendelenmiş Parmesan-Reggiano serperek sıcak servis yapın.

Toskana balık çorbası

Cacciucco

6 porsiyon yapar

Bu Toskana spesiyalitesi için tencereye ne kadar çok balık türü eklerseniz çorbanın tadı da o kadar güzel olur.

1 1/4 su bardağı zeytinyağı

1 orta boy soğan

1 doğranmış kereviz kaburga

1 doğranmış havuç

1 diş doğranmış sarımsak

2 yemek kaşığı kıyılmış taze maydanoz

bir tutam toz kırmızı biber

1 defne yaprağı

1 canlı ıstakoz (1 ila 2 pound)

Porji, soyulmuş levrek, kırmızı balığı veya levrek gibi 2 bütün balık (her biri yaklaşık 1,5 pound), temizlenmiş ve parçalara ayrılmış (kafalarını çıkarın ve ayırın)

11/2 bardak kuru beyaz şarap

1 pound domates, soyulmuş, çekirdekleri çıkarılmış ve doğranmış

1 kiloluk kalamar (kalamar), temizlenmiş ve 1 inçlik halkalar halinde kesilmiş

Kızartılmış İtalyan ekmeği dilimleri

1.Yağı büyük bir tencereye dökün. Soğan, kereviz, havuç, sarımsak, maydanoz, kırmızı biber ve defne yaprağını ekleyin. Orta ateşte, sık sık karıştırarak, sebzeler yumuşayıp altın rengi oluncaya kadar yaklaşık 10 dakika pişirin.

iki. Istakozu boşluk tarafı yukarı gelecek şekilde bir kesme tahtası üzerine yerleştirin. Tırnakları kapalı tutan bantları çıkarmayın. Elinizi ağır bir havlu veya tutacakla koruyun ve ıstakozu kuyruğunun üzerinde tutun. Ağır bir şef bıçağının ucunu, kuyruğun göğüsle birleştiği yere gövdeye batırın. Kanatlı makası kullanarak kuyruk etini kaplayan ince kabuğu çıkarın. Koyu renkli kuyruk damarını çıkarın ancak varsa yeşil tomalley ve kırmızı mercanları bırakın. Kuyruğu bir kenara koyun. Istakoz gövdesini ve eklem yerlerindeki pençeleri 1 ila 2 inçlik parçalar halinde kesin. Pençeleri kırmak için bıçağın kör tarafıyla vurun.

3.Istakoz göğsünü, ayrılmış balık kafalarını ve süslemelerini tencereye ekleyin. 10 dakika pişirin. Şarabı ekleyin ve 2 dakika pişirin. Domatesleri ve 4 su bardağı suyu ekleyin. Kaynatın ve 30 dakika pişirin.

Dört. Delikli bir kaşık kullanarak ıstakoz boşluğunu, balık kafalarını ve defne yaprağını tencereden çıkarın ve atın. Geri kalan malzemeleri bir öğütücüden geçirerek büyük bir kaseye koyun.

5.Tencereyi yıkayıp çorbayı üzerine dökün. Sıvıyı kaynatın. Kalamar gibi daha uzun pişirme süresi gerektiren kabuklu deniz ürünlerini ekleyin. Neredeyse yumuşayana kadar yaklaşık 20 dakika pişirin. Istakoz kuyruğunu, pençeleri ve balık parçalarını ekleyin. Istakoz ve balığın içi opaklaşana kadar, yaklaşık 10 dakika daha pişirin.

6.Her çorba kasesine kızarmış ekmek dilimleri yerleştirin. Çorbayı ekmeğin üzerine döküp sıcak olarak servis yapın.

Parçalı balık çorbası

Ciuppin

6 porsiyon yapar

Bu çorba için bir tür balık veya birkaç tür kullanabilirsiniz. Daha sarımsaklı bir tat için, çorbayı kaselere eklemeden önce bir diş çiğ sarımsağı tost dilimlerinin üzerine sürün. Cenovalı denizciler bu klasik çorbayı, çoğunun yerleştiği San Francisco'ya tanıttı. San Fransiskanlar kendi versiyonlarına cioppino diyorlar.

Halibut, levrek veya mahi mahi gibi 21⁄2 pound çeşitli sert beyaz etli balık filetosu

11/4 su bardağı zeytinyağı

1 orta boy havuç, ince doğranmış

1 bebek kereviz, ince doğranmış

1 orta boy soğan doğranmış

2 diş sarımsak ince doğranmış

1 bardak kuru beyaz şarap

1 su bardağı soyulmuş, çekirdeği çıkarılmış ve doğranmış taze domates veya konserve domates

Tuz ve taze çekilmiş karabiber

2 yemek kaşığı kıyılmış taze maydanoz

6 dilim İtalyan veya Fransız tostu

1.Balık parçalarını durulayın ve kurulayın. Balıkları kemiklerini atarak 2 inçlik parçalar halinde kesin.

iki.Yağı büyük bir tencereye dökün. Havuç, kereviz, soğan ve sarımsak ekleyin. Sık sık karıştırarak orta ateşte yumuşayana ve altın rengi olana kadar yaklaşık 10 dakika pişirin. Balıkları ekleyin ve ara sıra karıştırarak 10 dakika daha pişirin.

3.Şarabı dökün ve kısık ateşte pişirin. Tatmak için domates, tuz ve karabiber ekleyin. Üzerini kapatacak kadar soğuk su ekleyin. Kaynatın ve 20 dakika pişirin.

Dört.Maydanozu ekleyin. Her çorba kasesine bir dilim kızarmış ekmek koyun. Çorbayı ekmeğin üzerine döküp sıcak olarak servis yapın.

Deniz ürünleri, makarna ve fasulye çorbası

Makarna ve Fagioli ai Frutti di Mare

4 ila 6 porsiyon yapar

Makarna ve fasulyeyi deniz ürünleriyle birleştiren çorbalar güney İtalya'da popülerdir. Bu, Roma'nın ünlü deniz ürünleri restoranı Alberto Ciarla'da denediğim versiyonum.

1 pound küçük istiridye

1 kiloluk bebek istiridyeleri

2 yemek kaşığı zeytinyağı

2 ons pancetta, ince doğranmış

1 orta boy soğan, ince doğranmış

2 diş sarımsak ince doğranmış

3 su bardağı pişmiş, kurutulmuş veya konserve cannellini fasulyesi, süzülmüş

1 su bardağı doğranmış domates

11/2 poundluk kalamar (kalamar), 1 inçlik halkalar halinde kesilmiş

Tuz ve taze çekilmiş karabiber

8 ons spagetti, 1 inçlik parçalara bölünmüş

2 yemek kaşığı kıyılmış taze maydanoz

sızma zeytinyağı

1.Midyeleri üzerlerini kapatacak şekilde 30 dakika soğuk suda bekletin. Bunları sert bir fırçayla fırçalayın ve tüm topakları veya yosunları kazıyın. Kabukların dar ucuna doğru çekerek dikenlerini çıkarın. Kabuğu çatlamış olan veya vurulduğunda sıkı bir şekilde kapanmayan istiridyeleri atın. Midyeleri 1/2 bardak soğuk su ile büyük bir tencereye koyun. Tencerenin kapağını kapatıp kaynatın. İstiridyeler açılıncaya kadar yaklaşık 5 dakika pişirin. Delikli bir kaşık kullanarak midyeleri bir kaseye aktarın.

iki.İstiridyeleri tencereye koyun ve tavanın kapağını kapatın. İstiridyeler açılıncaya kadar yaklaşık 5 dakika pişirin. İstiridyeleri tencereden çıkarın. Tenceredeki sıvıyı kağıt kahve filtresinden geçirerek bir kaseye süzün ve bir kenara koyun.

3.Parmaklarınızı kullanarak istiridye ve midyeleri kabuklarından çıkarın ve bir kaseye koyun.

Dört. Yağı büyük bir tencereye dökün. Pancetta, soğan ve sarımsak ekleyin. Sık sık karıştırarak orta ateşte yumuşak ve altın rengi kahverengi olana kadar yaklaşık 10 dakika pişirin.

5.Fasulye, domates ve kalamar ekleyin. Ayrılmış deniz ürünleri sularını ekleyin. Kaynatın ve 20 dakika pişirin.

6.Kabuklu deniz hayvanlarını ekleyin ve pişene kadar yaklaşık 5 dakika pişirin.

7.Bu arada büyük bir tencereye su koyup kaynatın. Tadına göre makarna ve tuz ekleyin. Yumuşak olana kadar pişirin. Makarnayı süzüp çorbaya ekleyin. Çorba çok koyu görünüyorsa biraz makarna sıvısı ekleyin.

8.Maydanozu ekleyin. Sızma zeytinyağı gezdirerek sıcak servis yapın.

Domates suyunda midye ve istiridye

Zuppa di Cozze

4 porsiyon yapar

İsterseniz bunu tüm istiridyelerle veya tüm istiridyelerle yapabilirsiniz.

2 kilo istiridye

11/2 su bardağı zeytinyağı

4 diş sarımsak, ince doğranmış

2 yemek kaşığı kıyılmış taze maydanoz

Bir tutam ezilmiş kırmızı biber.

1 bardak kuru beyaz şarap

3 pound olgun domates, soyulmuş, çekirdekleri çıkarılmış ve doğranmış veya 2 kutu (28 ila 35 ons) ithal İtalyan soyulmuş domates, doğranmış

Tuz

2 kilo küçük istiridye

8 dilim İtalyan veya Fransız tostu

1 bütün diş sarımsak

1.Midyeleri üzerlerini kapatacak şekilde 30 dakika soğuk suda bekletin. Bunları sert bir fırçayla fırçalayın ve tüm topakları veya yosunları kazıyın. Kabukların dar ucuna doğru çekerek dikenlerini çıkarın. Kabuğu çatlamış olan veya vurulduğunda sıkı bir şekilde kapanmayan istiridyeleri atın.

iki.Büyük bir tencerede yağı orta ateşte ısıtın. Kıyılmış sarımsak, maydanoz ve ezilmiş kırmızı biberi ekleyin ve sarımsak altın rengi oluncaya kadar yaklaşık 2 dakika pişirin. Şarabı ekleyin ve kısık ateşte pişirin. Domatesleri ve bir tutam tuzu ekleyin. Orta ateşte, ara sıra karıştırarak, hafifçe koyulaşana kadar yaklaşık 20 dakika pişirin.

3.Midye ve istiridyeleri yavaşça katlayın. Tencereyi kapatın. Midye ve istiridyeler açılıncaya kadar 5 ila 10 dakika pişirin. Açılmayanları atın.

Dört. Tost ekmeğinin üzerine doğranmış bir diş sarımsağı yayın. Her derin tabağa bir parça ekmek koyun. Üstüne midye, istiridye ve sıvılarını ekleyin. Sıcak servis yapın.

diğer yiyeceklerle birlikte kullanın.

Marinara sosu

Marinara sosu

2½ bardak yapar

Sarımsak, çabuk pişen bu Güney İtalya tarzı sosa kendine özgü lezzetini veriyor. Napolililer karanfilleri büyük bir bıçağın yan tarafıyla hafifçe ezerler. Bu, kabuğun çıkarılmasını kolaylaştırır ve karanfilin lezzetini açığa çıkarması için açılır. Servis yapmadan önce sarımsak dişlerini bütün olarak çıkarın.

Daha taze bir tat için fesleğenleri pişirme süresinin sonunda ekliyorum. Kurutulmuş fesleğen, taze fesleğen için kötü bir alternatiftir, ancak taze maydanoz veya nane yerine kullanabilirsiniz. Bu sos spagetti veya diğer kuru makarnalar için mükemmeldir.

$1$1/4 su bardağı zeytinyağı

2 büyük diş sarımsak, doğranmış

bir tutam toz kırmızı biber

3 pound taze erik domates, soyulmuş, çekirdekleri çıkarılmış ve doğranmış veya 1 kutu (28 oz.) ithal İtalyan soyulmuş domates suyuyla birlikte, bir gıda değirmeninden geçirilmiş

Tatmak için tuz

4 taze fesleğen yaprağı, parçalar halinde kesilmiş

1.Orta boy bir tavaya yağı dökün. Sarımsak ve kırmızı biberi ekleyin. Orta ateşte, sarımsağı bir veya iki kez çevirerek altın rengi oluncaya kadar yaklaşık 5 dakika pişirin. Sarımsakları tavadan çıkarın.

iki.Tadına göre domates ve tuz ekleyin. Ara sıra karıştırarak veya sos koyulaşıncaya kadar 20 dakika pişirin.

3.Ateşi kapatıp fesleğeni ekleyin. Sıcak servis yapın. Önceden hazırlanıp hava geçirmez bir kapta buzdolabında 5 güne kadar, dondurucuda ise 2 aya kadar saklanabilir.

Taze Domates Sosu

Leggero sosu

3 bardak yapar

Bu sos, zeytinyağı veya tereyağında pişirilmiş normal soğan veya sarımsakla başlamaması nedeniyle sıra dışıdır. Bunun yerine, sosa hafif bir bitkisel tat vermek için aromatikler domateslerle birlikte kaynatılır. Taze makarnalardan biriyle veya frittata veya başka bir omlet için sos olarak servis yapın.

4 kilo olgun erik domates, soyulmuş, çekirdekleri çıkarılmış ve doğranmış

1 orta boy havuç, doğranmış

1 orta boy soğan doğranmış

1 küçük kereviz sapı, kıyılmış

Tatmak için tuz

6 yaprak taze fesleğen, küçük parçalar halinde kesilmiş

11/4 su bardağı sızma zeytinyağı

1.Büyük, ağır bir tencerede domatesleri, havuçları, soğanı, kerevizi, bir tutam tuzu ve fesleğenleri birleştirin. Tencerenin kapağını kapatıp orta ateşte karışım kaynayıncaya kadar pişirin. Kapağını açın ve ara sıra karıştırarak 20 dakika veya sos kalınlaşana kadar pişirin.

iki. Hafifçe soğumaya bırakın. Sosu bir yiyecek değirmeninden geçirin veya bir mutfak robotu veya blenderde püre haline getirin. Yavaşça tekrar ısıtın ve baharatlarla tatlandırın. Yağı ekleyin. Sıcak servis yapın. Önceden hazırlanıp hava geçirmez bir kapta buzdolabında 5 güne kadar, dondurucuda ise 2 aya kadar saklanabilir.

Sicilya usulü domates sosu

Sicilya Pomodoro sosu

Yaklaşık 3 bardak yapar

Ailesinin Sicilya'daki Regaleali şarap imalathanesinde aşçılık okulu işleten Anna Tasca Lanza'yı domates sosu yaparken gördüm. Hepsi bir tencereye konur ve yeterince uzun süre kaynadıktan sonra sos, domates çekirdeklerini çıkarmak için bir gıda değirmeninde ezilir. Pişirme süresi sonunda eklenen tereyağı ve zeytinyağı sosu zenginleştirir ve tatlandırır. Patates gnocchi veya taze fettuccine ile servis yapın.

3 kilo olgun domates

1 orta boy soğan, ince doğranmış

1 diş sarımsak ince doğranmış

2 yemek kaşığı doğranmış taze fesleğen

bir tutam toz kırmızı biber

11/4 su bardağı zeytinyağı

1 yemek kaşığı tuzsuz tereyağı

1.Mutfak robotu kullanıyorsanız bunları uzunlamasına dörde bölün ve 2. adıma geçin. Mutfak robotu veya blender kullanıyorsanız önce domatesleri soyun: Orta boy bir tencerede suyu kaynatın. Domatesleri birer birer ekleyip 1 dakika kadar pişirin. Delikli bir kaşık kullanarak bunları çıkarın ve bir kase soğuk suya koyun. Kalan domateslerle aynı işlemi tekrarlayın. Domatesleri soyun, çekirdeklerini çıkarın ve çekirdeklerini çıkarın.

iki.Büyük bir tencerede domates, soğan, sarımsak, fesleğen ve ezilmiş kırmızı biberi birleştirin. Örtün ve kaynatın. 20 dakika veya soğan yumuşayana kadar pişirin. Hafifçe soğumaya bırakın.

3.Karışımı, kullanıyorsanız bir mutfak robotundan geçirin veya bir blender veya mutfak robotunda püre haline getirin. Püreyi tekrar tencereye alın. Tadına göre fesleğen, kırmızı biber ve tuz ekleyin.

Dört. Servis yapmadan hemen önce sosu tekrar ısıtın. Ateşten alıp zeytinyağı ve tereyağını ekleyin. Sıcak servis yapın.

Önceden hazırlanıp hava geçirmez bir kapta buzdolabında 5 güne kadar, dondurucuda ise 2 aya kadar saklanabilir.

Toskana usulü domates sosu

Toskana Pomodoro Sosu

3 bardak yapar

Soffritto, aromatik doğranmış sebzelerin, genellikle soğan, havuç ve kerevizin, yumuşak ve hafif kahverengileşene kadar tereyağı veya yağda pişirilen bir karışımıdır. Birçok sosun, çorbanın ve güvecin aromatik temelidir ve İtalyan mutfağının temel tekniğidir. Birçok İtalyan aşçı, tüm soffritto malzemelerini soğuk bir tavaya koyar ve ardından ısıyı açar. Bu şekilde, tüm malzemeler nazikçe pişirilir ve hiçbir şey fazla kızarmaz veya fazla pişmez. Önce yağın ısıtılması ve ardından doğranmış malzemelerin eklenmesi şeklindeki alternatif yöntemde, yağın aşırı ısınma riski vardır. Sebzeler kahverengileşebilir, fazla pişebilir ve acılaşabilir. Bu Toskana tarzı domates sosu, normal sebzelerden ve zeytinyağında pişirilmiş sarımsaktan oluşan bir soffritto ile başlar.

4 yemek kaşığı zeytinyağı

1 orta boy soğan, ince doğranmış

1 1/2 su bardağı doğranmış havuç

11/4 bardak doğranmış kereviz

1 küçük diş sarımsak, doğranmış

3 pound taze olgun erik domates, soyulmuş, çekirdekleri çıkarılmış ve ince doğranmış veya bir gıda değirmeninden geçirilmiş, suyuyla birlikte 1 kutu (28 oz.) ithal İtalyan soyulmuş domates

11/2 su bardağı tavuk suyu

bir tutam toz kırmızı biber

Tuz

2 veya 3 fesleğen yaprağı, doğranmış

1.Orta boy bir tavaya yağı dökün. Soğan, havuç, kereviz ve sarımsak ekleyin. Orta ateşte, ara sıra karıştırarak, sebzeler yumuşayıp altın rengi oluncaya kadar yaklaşık 15 dakika pişirin.

iki. Tatlandırmak için domates, et suyu, kırmızı biber ve tuz ekleyin. Kaynatın. Tavayı kısmen kapatın ve kısık ateşte ara sıra karıştırarak koyulaşana kadar yaklaşık 30 dakika pişirin.

3.Fesleğen ekleyin. Sıcak servis yapın. Önceden hazırlanıp hava geçirmez bir kapta buzdolabında 5 güne kadar, dondurucuda ise 2 aya kadar saklanabilir.

Pizza Sosu

Pizza Sosu

Yaklaşık 2 1⁄2 bardak yapar

Napolililer bu lezzetli sosu küçük biftek veya pirzola pişirmek için kullanırlar (bkz.Et) veya spagetti üzerinde servis edilir. Bununla birlikte, Napoliten odun ateşinde pişirilen pizza fırınlarının aşırı sıcaklığı, önceden pişirilmiş sosu fazla pişireceğinden, genellikle pizzada kullanılmaz. Adını, pizza üreticilerinin normalde pizzada kullandığı malzemelerin aynısı olan domates, sarımsak ve kekikten almıştır.

Sarımsakları sosta büyük parçalar kalmayacak şekilde ince ince doğrayın.

2 büyük diş sarımsak, ince doğranmış

1 1/4 su bardağı zeytinyağı

bir tutam toz kırmızı biber

1 kutu (28 oz.) ithal İtalyan soyulmuş domates suyuyla birlikte, doğranmış

1 çay kaşığı kurutulmuş kekik, ezilmiş

Tuz

1.Büyük bir tavada, sarımsakları yağda orta ateşte altın rengi olana kadar yaklaşık 2 dakika kızartın. Ezilmiş kırmızı biberi ekleyin.

iki. Tatmak için domates, kekik ve tuz ekleyin. Sosu kaynatın. Ara sıra karıştırarak 20 dakika veya sos koyulaşana kadar pişirin. Sıcak servis yapın. Önceden hazırlanıp hava geçirmez bir kapta buzdolabında 5 güne kadar, dondurucuda ise 2 aya kadar saklanabilir.

"sahte" et sosu

Tamam Shugo

Yaklaşık 6 bardak yapar

Sugo finto "sahte sos" anlamına geliyor ve arkadaşım Lars Leicht'e göre orta İtalya'da sıklıkla kullanılan böylesine lezzetli ve kullanışlı bir sosun özel adı. Bu tarif Roma dışında yaşayan teyzesinden geliyor. O kadar lezzetli ki, içinde et olduğunu zannedebilirsiniz. Sos, basit bir domates sosundan daha karmaşık bir şey istediğinizde ancak et eklemek istemediğinizde mükemmeldir. Bu tariften çok şey çıkıyor ama isterseniz kolaylıkla ikiye bölebilirsiniz.

11/4 su bardağı zeytinyağı

1 orta boy sarı soğan, ince doğranmış

2 küçük havuç, soyulmuş ve ince doğranmış

2 diş sarımsak ince doğranmış

4 taze fesleğen yaprağı, doğranmış

1 küçük kurutulmuş pul biber (ezilmiş veya bir tutam ezilmiş kırmızı biber)

1 bardak kuru beyaz şarap

2 kutu (her biri 28 ila 35 ons) ithal İtalyan soyulmuş domates suyu veya 6 pound taze erik domates, soyulmuş, çekirdekleri çıkarılmış ve doğranmış

1.Büyük bir tencerede yağı, soğanı, havucu, sarımsağı, fesleğen ve kırmızı biberi birleştirin. Orta ateşte, ara sıra karıştırarak, sebzeler yumuşayıp altın rengi oluncaya kadar yaklaşık 10 dakika pişirin.

iki.Şarabı ekleyin ve kaynatın. 1 dakika pişirin.

3.Domatesleri bir öğütücüden geçirerek bir tencereye koyun veya bir blender veya mutfak robotunda püre haline getirin. Kaynatın ve ısıyı azaltın. Tuzlu sezon. Ara sıra karıştırarak 30 dakika veya sos koyulaşana kadar pişirin. Sıcak servis yapın. Önceden hazırlanıp hava geçirmez bir kapta buzdolabında 5 güne kadar, dondurucuda ise 2 aya kadar saklanabilir.

Pembe sos

Sos di Pomodoro alla Panna

Yaklaşık 3 bardak yapar

Ağır krema bu güzel pembe sosu yumuşatır. Yeşil mantı veya gnocchi ile servis yapın.

1/4 su bardağı tuzsuz tereyağı

1/4 su bardağı doğranmış taze arpacık

3 pound taze domates, soyulmuş, çekirdekleri çıkarılmış ve doğranmış veya 1 kutu (28 ons) ithal İtalyan soyulmuş domates suyuyla birlikte

Tuz ve taze çekilmiş karabiber

1/2 bardak ağır krema

1.Büyük bir tencerede, orta-düşük ateşte tereyağını eritin. Arpacık soğanı ekleyin ve altın rengi olana kadar yaklaşık 3 dakika pişirin. Domatesleri, tuzu ve karabiberi ekleyip sürekli karıştırarak sos kaynayıncaya kadar pişirin. Konserve domates kullanıyorsanız kaşıkla doğrayın. Sos hafifçe

koyulaşana kadar ara sıra karıştırarak yaklaşık 20 dakika
pişirin. Hafifçe soğumaya bırakın.

iki. Domates karışımını bir gıda değirmeninden geçirin. Sosu
tekrar tencereye alın ve orta ateşte ısıtın. Kremayı ekleyin ve
1 dakika veya hafifçe koyulaşana kadar pişirin. Sıcak servis
yapın.

Soğanlı domates sosu

Frenk soğanlı Pomodoro sosu

2 1/2 bardak yapar

Soğanın doğal şekeri bu sosta tereyağının tatlılığını tamamlıyor. Bu sos ayrıca soğan yerine arpacık soğanıyla da iyi gider.

3 yemek kaşığı tuzsuz tereyağı

1 yemek kaşığı zeytinyağı

1 küçük soğan, çok ince doğranmış

3 kilo erik domates, soyulmuş, çekirdekleri çıkarılmış ve doğranmış veya 1 kutu (28 oz.) ithal İtalyan soyulmuş domates suyuyla birlikte, kıyılmış

Tatmak için tuz ve taze çekilmiş karabiber.

1.Orta boy bir tencerede, orta ateşte tereyağını sıvı yağla birlikte eritin. Soğanı ekleyin ve soğan yumuşak ve altın rengi oluncaya kadar bir veya iki kez karıştırarak yaklaşık 7 dakika pişirin.

iki. Domatesleri, tuz ve karabiberi ekleyin. Sosu kaynatın ve 20 dakika veya koyulaşana kadar pişirin.

kavrulmuş domates sosu

Arrostito Pomodoro Sos

1 kilo makarnaya yetecek kadar

Mükemmel taze domateslerden daha azı bile bu şekilde pişirilebilir. Sadece bir domates çeşidi veya birkaç çeşit kullanabilirsiniz. Kırmızı ve sarı domateslerin kombinasyonu özellikle güzel. Otlar için fesleğen veya maydanoz bariz seçimlerdir, ancak frenk soğanı, biberiye, nane veya elinizde ne varsa içeren bir karışımı da kullanabilirsiniz.

Önceden ızgara yapmayı, ardından oda sıcaklığındaki sosu penne veya düdük gibi sıcak makarnalarla karıştırmayı seviyorum. Arkadaşım Suzie O'Rourke bana bunu en sevdiği servis şeklinin kızarmış İtalyan ekmeği dilimlerine meze sürmek olduğunu söyledi.

21/2 pound yuvarlak, erik, kiraz veya üzüm domates

4 diş sarımsak, ince doğranmış

Tuz

bir tutam toz kırmızı biber

1 1/2 su bardağı zeytinyağı

1 1/2 su bardağı doğranmış taze fesleğen, maydanoz veya diğer
otlar

1. Rafı fırının ortasına yerleştirin. Fırını önceden 400° F'ye ısıtın.
13 x 9 x 2 inçlik tepkimeye girmeyen bir fırın tepsisini
yağlayın.

iki. Yuvarlak veya erik domatesleri 1/2 inçlik parçalar halinde
kabaca doğrayın. Kiraz veya üzüm domateslerini ikiye veya
dörde bölün.

3. Domatesleri tavaya yayın. Sarımsak, tuz ve ezilmiş kırmızı
biber serpin. Yağ ile gezdirin ve yavaşça karıştırın.

Dört. 30 ila 45 dakika veya domatesler hafifçe kızarıncaya kadar
ızgara yapın. Domatesleri ocaktan alıp baharatları ekleyin.
Sıcak veya oda sıcaklığında servis yapın.

Abruzzo tarzında Ragù

Ragù Abruzzese

Yaklaşık 7 bardak yapar

Bu ragu için sebzeler bütün olarak bırakılır ve etin bir kısmı kemikle birlikte pişirilir. Pişirme süresinin sonunda sebzeler ve serbest kalan kemikler çıkarılır. Genellikle et sostan çıkarılır ve ikinci yemek olarak servis edilir. Bu sosu rigatoni gibi kalın makarna şekilleriyle servis edin.

3 yemek kaşığı zeytinyağı

Birkaç kemikli 1 kiloluk domuz omuzu, 2 inçlik parçalar halinde kesilmiş

1 kiloluk kemiksiz kuzu boynu veya omuzu, 2 inçlik parçalar halinde kesilmiş

1 pound kemiksiz sığır eti güveç, 1 inçlik parçalar halinde kesilmiş

1 1/2 bardak kuru kırmızı şarap

2 yemek kaşığı domates püresi

4 pound taze domates, soyulmuş, çekirdekleri çıkarılmış ve doğranmış veya 2 kutu (28 oz.) ithal İtalyan soyulmuş domates suyuyla birlikte, bir gıda değirmeninden geçirilmiş

2 bardak su

Tuz ve taze çekilmiş karabiber

1 orta boy soğan

1 dilim kereviz

1 orta boy havuç

1.Büyük, ağır bir tencerede yağı orta ateşte ısıtın. Eti ekleyin ve ara sıra karıştırarak, hafifçe kızarana kadar pişirin.

iki.Şarabı ekleyin ve sıvının çoğu buharlaşana kadar pişirin. Domates salçasını ekleyin. Tatlandırmak için domates, su, tuz ve karabiber ekleyin.

3.Sebzeleri ekleyip kısık ateşte pişirin. Tencerenin kapağını kapatın ve etler iyice yumuşayıncaya kadar ara sıra karıştırarak yaklaşık 3 saat pişirin. Sos ince görünüyorsa kapağını açın ve biraz azalıncaya kadar pişirin.

Dört. Soğumaya bırakacağız. Gevşek kemikleri ve sebzeleri çıkarın.

5.Servis yapmadan önce ısıtın veya üzerini örtün ve 3 güne kadar veya dondurucuda 3 aya kadar buzdolabında saklayın.

Napoliten yahni

Ragù alla Napoliten

Yaklaşık 8 bardak yapar

Çeşitli sığır ve domuz eti kesimlerinden yapılan bu sulu ragu, birçok İtalyan-Amerikalının "sos" dediği şeydir ve Pazar günü öğle veya akşam yemeği için hazırdır. Kabuklu veya rigatoni gibi önemli makarna türleriyle karıştırmak ve fırınlanmış makarna yemeklerinde kullanım için idealdir.Napoliten lazanya.

Köfteler pişme süresinin sonuna doğru sosa eklenir, böylece sos pişerken hazırlayabilirsiniz.

2 yemek kaşığı zeytinyağı

1 pound etli domuz boynu veya domuz kaburga

1 kilo sığır eti tek parça halinde

1 pound İtalyan veya rezene tarzı domuz sosisi

4 diş sarımsak, hafifçe doğranmış

11/4 su bardağı domates salçası

3 kutu (28 ila 35 ons) ithal İtalyan soyulmuş domates

Tatmak için tuz ve taze çekilmiş karabiber.

6 yaprak taze fesleğen, küçük parçalar halinde kesilmiş

1 tarifNapoliten köfte, en büyük boyut

2 bardak su

1.Büyük, ağır bir tencerede yağı orta ateşte ısıtın. Domuzu kurutun ve parçalarını tencereye koyun. Ara sıra çevirerek yaklaşık 15 dakika veya her tarafı kızarana kadar pişirin. Domuz eti bir tabağa çıkarın. Eti de aynı şekilde kızartıp tencereden çıkarın.

iki.Sosisleri tencereye alıp her tarafını kızartın. Sosisleri diğer etlerden ayırın.

3.Yağın çoğunu boşaltın. Sarımsakları ekleyin ve 2 dakika veya altın rengi olana kadar pişirin. Sarımsakları atın. Domates salçası ekleyin; 1 dakika pişirin.

Dört.Bir mutfak robotu kullanarak domatesleri ve suyunu bir tencerede ezin. Veya daha koyu bir sos için domatesleri doğrayın. 2 su bardağı su ve tuz ve karabiberi ekleyin. Domuz eti, sığır eti, sosis ve fesleğen ekleyin. Sosu kaynatın. Tencerenin kapağını kısmen kapatın ve ara sıra karıştırarak kısık ateşte 2 saat pişirin. Sos çok kalınsa biraz daha su ekleyin.

5. Bu arada köfteleri hazırlayın. Sos neredeyse hazır olduğunda köfteleri sosa ekleyin. 30 dakika veya sos koyulaşıp etler iyice yumuşayana kadar pişirin. Eti sostan çıkarın ve ana yemek veya ayrı bir yemek olarak servis yapın. Sosu sıcak olarak servis edin. Kapağı kapatın ve hava geçirmez bir kapta buzdolabında 3 güne kadar veya dondurucuda 2 aya kadar saklayın.

sosis yahni

Ragù di Salsiccia

41⁄2 bardak yapar

Bu güney İtalyan sosu, küçük İtalyan usulü domuz eti parçalarıyla süslenmiştir. Baharatlı seviyorsanız sıcak sosis kullanın. Bu sosu servis edinpatatesli tortelliniveya deniz tarağı veya rigatoni gibi parçalı makarnalar.

1 pound sade İtalyan domuz sosisi

2 yemek kaşığı zeytinyağı

2 diş sarımsak ince doğranmış

11/2 bardak kuru beyaz şarap

3 pound taze erik domates, soyulmuş, çekirdekleri çıkarılmış ve doğranmış veya 1 kutu (28 oz.) ithal İtalyan soyulmuş domates suyuyla birlikte, bir gıda değirmeninden geçirilmiş

Tuz ve taze çekilmiş karabiber

3 ila 4 taze fesleğen yaprağı, parçalar halinde kesilmiş

1.Sosisleri kasalardan çıkarın. Eti ince ince doğrayın.

iki.Büyük bir tencerede yağı orta ateşte ısıtın. Chorizo etini ve sarımsağı ekleyin. Domuz eti hafifçe kızarıncaya kadar, yaklaşık 10 dakika kadar, sık sık karıştırarak pişirin. Şarabı ekleyin ve kaynatın. Şarabın çoğu buharlaşana kadar pişirin.

3.Tadına göre domates ve tuz ekleyin. Kaynatın. Isıyı düşük seviyeye düşürün. Sos kalınlaşana kadar ara sıra karıştırarak yaklaşık 1 saat 30 dakika pişirin. Servis yapmadan hemen önce fesleğeni ekleyin. Sıcak servis yapın. Önceden hazırlanıp hava geçirmez bir kapta buzdolabında 3 güne kadar veya dondurucuda 2 aya kadar saklanabilir.

Mart tarzında Ragout

Ragù di Carne alla Marchigiana

Yaklaşık 5 bardak yapar

Orta İtalya'nın kıyısındaki Campofilone kasabası, her yıl dünyanın dört bir yanından ziyaretçi çeken bir makarna festivaline ev sahipliği yapıyor. Ziyafetin öne çıkan kısmı, bu baharatlı et sosuyla servis edilen, elle yuvarlanan yumurtalı erişte olan makarnadır. Otlar ve bir tutam karanfil karışımı bu raguya özel bir tat verir. Pişirme süresinin sonunda eklenen bir miktar süt, pürüzsüz bir bitiş sağlar. Bu sosu önceden yapıyorsanız servis yapmadan hemen önce sütü ekleyin. Fettuccine ile servis yapın.

1 ev yapımı kupaEt suyuveya mağazadan satın alınan et suyu

11/4 su bardağı zeytinyağı

1 küçük soğan ince doğranmış

1 doğranmış kereviz kaburga

1 doğranmış havuç

1 yemek kaşığı kıyılmış taze maydanoz

2 çay kaşığı doğranmış taze biberiye

1 çay kaşığı doğranmış taze kekik

1 defne yaprağı

1 pound kemiksiz dana antrikot, 2 inçlik parçalar halinde kesilmiş

1 kutu (28 oz) ithal İtalyan soyulmuş domates, suyu süzülmüş ve öğütülmüş gıda

bir tutam öğütülmüş karanfil

Tuz ve taze çekilmiş karabiber

11/2 su bardağı süt

1.Gerekirse suyu hazırlayın. Yağı büyük bir tencereye dökün. Sebzeleri ve otları ekleyin ve ara sıra karıştırarak orta ateşte 15 dakika veya sebzeler yumuşayıp altın rengi oluncaya kadar pişirin.

iki.Eti ekleyin ve etler kızarana kadar sık sık karıştırarak pişirin. Tuz ve karabiber serpin. Domates püresini, et suyunu ve karanfilleri ekleyin. Kaynatın. Tavayı kısmen kapatın ve ara sıra karıştırarak et yumuşayana ve sos kalınlaşana kadar yaklaşık 2 saat pişirin.

3.Eti çıkarın, süzün ve ince ince doğrayın. Kıymayı tekrar sosun içine karıştırın.

Dört. Servis yapmadan önce sütü ekleyin ve 5 dakika ısıtın. Sıcak servis yapın. Önceden hazırlanıp hava geçirmez bir kapta buzdolabında 3 güne kadar veya dondurucuda 2 aya kadar saklanabilir.

Toskana et sosu

Ragù alla Toscana

8 bardak yapar

Baharatlar ve limon kabuğu rendesi bu dana ve domuz eti yahnisine tatlı bir lezzet katıyor. Birlikte servis edin<u>devasa</u>.

4 yemek kaşığı tuzsuz tereyağı

1 1/4 su bardağı zeytinyağı

4 ons ithal İtalyan prosciutto, doğranmış

2 orta boy havuç

2 orta boy kırmızı soğan

1 büyük kereviz sapı, doğranmış

1 1/4 bardak doğranmış taze maydanoz

1 pound kemiksiz dana antrikot, 2 inçlik parçalar halinde kesilmiş

8 ons tatlı İtalyan sosisi veya kıyma domuz eti

2 pound taze domates veya 1 kutu (28 ons) ithal İtalyan soyulmuş domates, doğranmış

2 adet ev yapımı kupaEt suyuveya mağazadan satın alınan et suyu

11/2 bardak kuru kırmızı şarap

11/2 çay kaşığı limon kabuğu rendesi

bir tutam tarçın

bir tutam hindistan cevizi

Tatmak için tuz ve taze çekilmiş karabiber.

1.Büyük bir tencerede orta ateşte tereyağını zeytinyağıyla birlikte eritin. Prosciutto ve doğranmış sebzeleri ekleyin ve sık sık karıştırarak 15 dakika pişirin.

iki. Eti ekleyin ve sık sık karıştırarak, kızarana kadar yaklaşık 20 dakika pişirin.

3.Tatlandırmak için domates, et suyu, şarap, limon kabuğu rendesi, tarçın, hindistan cevizi ve tuz ve karabiber ekleyin. Karışımı kaynatın. Sos kalınlaşana kadar ara sıra karıştırarak yaklaşık 2 saat pişirin.

Dört. Et parçalarını tencereden çıkarın. Bunları bir kesme tahtasına koyun ve küçük parçalar halinde kesin. Kıymayı sosa ekleyin. Sıcak servis yapın. Önceden hazırlanıp hava geçirmez bir kapta buzdolabında 3 güne kadar veya dondurucuda 2 aya kadar saklanabilir.

Bolonya ragu

Bolonez yahnisi

Yaklaşık 5 bardak yapar

Bologna'nın en iyi paket servisi ve gurme yemeği Tamburini'de birçok çeşit taze yumurtalı makarna satın alabilirsiniz. En ünlüsü, hafif baharatlı bir domuz sosisi olan bolonez ile doldurulmuş nikel büyüklüğünde makarna halkaları olan tortellini'dir. Tortellini en brodo, "et suyu", alla panna, ağır kremalı sosla veya tercihen al ragu ile zengin et sosuyla servis edilir. Soffritta'nın (aromatik sebzeler ve pancetta) uzun süre yavaş pişirilmesi Bolonez ragusuna derin ve zengin bir tat verir.

2 adet ev yapımı kupaEt suyuveya mağazadan satın alınan et suyu

2 yemek kaşığı tuzsuz tereyağı

2 yemek kaşığı zeytinyağı

2 ons pancetta, ince doğranmış

2 küçük havuç, soyulmuş ve ince doğranmış

1 soğan ince doğranmış

1 bebek kereviz, ince doğranmış

8 ons kıyma

8 ons kıyma domuz eti

8 ons kıyma

1 1/2 bardak kuru kırmızı şarap

3 yemek kaşığı domates püresi

1/4 çay kaşığı rendelenmiş hindistan cevizi

Tuz ve taze çekilmiş karabiber

1 bardak süt

1.Gerekirse suyu hazırlayın. Büyük bir tencerede orta-düşük ateşte tereyağını sıvı yağla eritin. Pancetta, havuç, soğan ve kereviz ekleyin. Karışımı kısık ateşte ara sıra karıştırarak, tüm tatlar çok yumuşak ve koyu altın rengine gelinceye kadar yaklaşık 30 dakika pişirin. Malzemeler çok fazla kahverengileşmeye başlarsa biraz ılık su ekleyin.

iki. Eti ekleyin ve iyice karıştırın. Etler pembe ama kahverengi olmayana kadar, topakları parçalamak için sık sık karıştırarak yaklaşık 15 dakika pişirin.

3.Şarabı ekleyin ve sıvı buharlaşana kadar yaklaşık 2 dakika pişirin. Domates püresini, et suyunu, hindistan cevizini ekleyin ve damak tadınıza göre tuz ve karabiber ekleyin. Karışımı kaynatın. Kısık ateşte ara sıra karıştırarak sos koyulaşana kadar yaklaşık 21/2 ila 3 saat pişirin. Sos çok kalınsa biraz daha et suyu veya su ekleyin.

Dört.Sütü ekleyip 15 dakika daha pişirin. Sıcak servis yapın. Önceden hazırlanıp hava geçirmez bir kapta buzdolabında 3 güne kadar veya dondurucuda 2 aya kadar saklanabilir.

ördek yahni

Ragu di Anatra

Yaklaşık 5 bardak yapar

Yaban ördekleri Venedik'in lagünlerinde ve bataklıklarında yetişir ve yerel şefler onları lezzetli yemekler hazırlamak için kullanır. Kızartılır, haşlanır veya bu şekilde raguda hazırlanır. Zengin, baharatlı sos, elle yuvarlanan makarna presi olan torchio ile hazırlanan bigoli, kalın tam buğdaylı spagetti ile yenir. Taze evcil ördekler yabani türler kadar lezzetli olmasa da iyi bir alternatiftir. İkinci yemek olarak sosu fettuccine ve ördek parçalarıyla birlikte servis ediyorum.

Kasabın ördeği dörde ayırmasını sağlayın veya bunu kümes hayvanı makası veya büyük bir şef bıçağıyla kendiniz yapın. Kullanmamayı tercih ediyorsanız karaciğeri çıkartın.

1 ördek yavrusu (yaklaşık 51/2 pound)

2 yemek kaşığı zeytinyağı

Tatmak için tuz ve taze çekilmiş karabiber.

2 ons doğranmış pancetta

2 orta boy soğan, doğranmış

2 orta boy havuç, doğranmış

2 adet doğranmış kereviz kaburgası

6 adet taze adaçayı yaprağı

Bir tutam taze rendelenmiş hindistan cevizi

1 bardak kuru beyaz şarap

21/2 bardak taze domates, soyulmuş, çekirdekleri çıkarılmış ve doğranmış

1.Ördeği içini ve dışını durulayın ve boşluktaki gevşek yağları çıkarın. Ördeği kümes hayvanı makasıyla 8 parçaya bölün. İlk önce ördeği omurga boyunca kesin. Ördeği kitap gibi açın. Güçlü bir bıçakla ördeği göğsün iki yanı arasında uzunlamasına ikiye bölün. Uyluğu göğüsten uzağa doğru kesin. Bacak ve uyluğu eklem noktasından ayırın. Kanadı ve göğsü eklem noktasından ayırın. Karaciğer kullanıyorsanız küp küp doğrayıp bir kenara koyun.

iki.Büyük, ağır bir tencerede yağı orta ateşte ısıtın. Ördek parçalarını kağıt havluyla kurulayın. Ördek parçalarını ekleyin ve ara sıra karıştırarak her tarafı kahverengi olana kadar kızartın. Tuz ve karabiber serpin. Ördeği bir kaseye yerleştirin. 2 yemek kaşığı yağ hariç hepsini kesin.

3.Tavaya pancetta, soğan, havuç, kereviz ve adaçayı ekleyin. Sebzeler yumuşayıp altın rengi oluncaya kadar ara sıra karıştırarak 10 dakika pişirin. Şarabı ekleyin ve 1 dakika pişirin.

Dört.Ördeği tekrar tencereye alıp domatesleri ve suyu ekleyin. Sıvıyı kaynatın. Tencereyi kısmen kapatın ve ara sıra karıştırarak 2 saat veya ördek çatalla delindiğinde yumuşayana kadar pişirin. Kullanıyorsanız ördek ciğerini ekleyin. Tavayı ocaktan alın. Hafifçe soğumaya bırakın ve ardından yağı yüzeyden çıkarın. Delikli bir kaşıkla et parçalarını sosun içinden çıkarın ve servis tabağına aktarın. Sıcak tutmak için örtün.

5.Sosu, pişmiş fettuccine ve ördek etiyle birlikte ikinci yemek olarak servis edin. Yemeğin tamamı 2 gün öncesine kadar pişirilebilir, hava geçirmez bir kapta saklanabilir ve buzdolabında saklanabilir.

Tavşan veya tavuk yahni

Ragù di Coniglio veya tavuk

3 bardak yapar

Paskalya yemeğimiz geleneksel olarak tavşan ragulu makarnayla başlıyordu. Ailede tavşan yemeye isteksiz olanlar için annem aynı sosu tavukla da hazırlamıştı. Tavşan etinin yumuşaklığından dolayı tavuk yahniyi her zaman daha lezzetli bulmuşumdur. Kasabın tavşanınızı veya tavuğunuzu kesmesini sağlayın.

1 küçük tavşan veya tavuk, 8 parçaya bölünmüş

2 yemek kaşığı zeytinyağı

1 kutu (28 oz.) ithal İtalyan soyulmuş domates suyuyla birlikte, doğranmış

1 orta boy soğan, ince doğranmış

1 orta boy havuç, ince doğranmış

1 diş sarımsak ince doğranmış

1 1/2 bardak kuru beyaz şarap

1 çay kaşığı doğranmış taze biberiye

Tuz ve taze çekilmiş karabiber

1.Yağı büyük bir tavada orta ateşte ısıtın. Tavşanı veya tavuk parçalarını kurulayın ve üzerine tuz ve karabiber serpin. Bunları tavaya koyun ve her tarafını iyice pişirin, yaklaşık 20 dakika.

iki. Parçaları bir tabağa çıkarın. Tavadaki yağın iki yemek kaşığı hariç hepsini dökün.

3.Tavaya soğanı, havucu, sarımsağı ve biberiyeyi ekleyin. Sebzeler yumuşayana ve hafifçe kızarıncaya kadar sık sık karıştırarak pişirin. Şarabı ekleyin ve 1 dakika pişirin. Domatesleri ve suyunu bir öğütücüden geçirin veya bir blender veya mutfak robotunda püre haline getirip tencereye ekleyin. Tadına göre tuz ve karabiber ekleyin. Isıyı en aza indirin ve tavayı kısmen örtün. Kısık ateşte ara sıra karıştırarak 15 dakika pişirin.

Dört. Eti tavaya geri koyun. Et yumuşayıncaya ve kemiğinden kolaylıkla ayrılıncaya kadar ara sıra karıştırarak 20 dakika pişirin. Delikli bir kaşıkla et parçalarını sosun içinden çıkarın ve servis tabağına aktarın. Sıcak tutmak için örtün.

5.Sosu sıcak, pişmiş fettuccine üzerine servis edin, ardından ikinci yemek olarak tavşan veya tavuk servis edin. Önceden hazırlanıp hava geçirmez bir kapta buzdolabında 3 güne kadar veya dondurucuda 2 aya kadar saklanabilir.

Porcini ve Et Ragu

Ragù di mantar ve et

Yaklaşık 6 bardak yapar

Piedmont'un büyük beyaz yer mantarları hakkında çok şey yazılmış olmasına rağmen Fransızların cèpes dediği porcini mantarları bölgenin büyük bir hazinesidir. Yağmurdan sonra bolca bulunan boletusun kalın kahverengi başlıkları, onlara dolgun bir görünüm veren kısa, kremsi beyaz saplarla desteklenir. Adı küçük domuzlar anlamına geliyor. Zeytinyağı ve otlarla ızgarada veya fırında pişirilen mantarların tadı tatlı ve cevizlidir. Taze mantarlar yalnızca ilkbahar ve sonbaharda mevcut olduğundan, bölgedeki şefler yılın geri kalanında soslara ve güveçlere zengin, odunsu bir tat katmak için kurutulmuş mantarlara güveniyor.

Kurutulmuş mantarlar genellikle şeffaf plastik veya selofan ambalajlarda satılmaktadır. Torbanın alt kısmında minimum kırıntı ve döküntü bulunan büyük, bütün dilimleri arayın. "Son kullanma" tarihi bir yıl içinde olmalıdır. Mantarlar yaşlandıkça tadı kaybolur. Kurutulmuş mantarları sıkıca kapalı bir kapta saklayın.

1/2 bardak ev yapımıEt suyu<u>H</u>veya mağazadan satın alınan et suyu

1 ons kurutulmuş porçini mantarı

2 bardak ılık su

2 yemek kaşığı zeytinyağı

2 ons doğranmış pancetta

1 doğranmış havuç

1 orta boy soğan doğranmış

1 doğranmış kereviz kaburga

1 diş sarımsak, çok ince doğranmış

11/2 pound kıyma

11/2 bardak kuru beyaz şarap

Tuz ve taze çekilmiş karabiber

1 su bardağı taze veya konserve ithal İtalyan domatesi, doğranmış

1/4 çay kaşığı taze rendelenmiş hindistan cevizi

1.Gerekirse suyu hazırlayın. Orta boy bir kapta mantarları 30 dakika suda bekletin. Mantarları ıslatma sıvısından çıkarın. Sıvıyı nemli bir kağıt kahve filtresinden veya bir parça tülbentten geçirerek temiz bir kaba süzün ve bir kenara koyun. Kirin biriktiği tabana özellikle dikkat ederek mantarları akan su altında durulayın. Mantarları ince ince doğrayın.

iki. Yağı büyük bir tencereye dökün. Pancetta'yı ekleyin ve orta ateşte yaklaşık 5 dakika pişirin. Havucu, soğanı, kerevizi ve sarımsağı ekleyin ve sık sık karıştırarak yumuşayana ve altın rengi olana kadar yaklaşık 10 dakika daha pişirin. Sığır eti ekleyin ve topakları parçalamak için sık sık karıştırarak hafifçe kızarana kadar pişirin. Şarabı ekleyin ve 1 dakika pişirin. Tuz ve karabiberle tatlandırın.

3.Domates, mantar, hindistan cevizi ve ayrılmış mantar sıvısını ekleyin. Kaynatın. 1 saat veya sos kalınlaşana kadar pişirin. Sıcak servis yapın. Önceden hazırlanıp hava geçirmez bir kapta buzdolabında 3 güne kadar veya dondurucuda 2 aya kadar saklanabilir.

Taze otlar ile domuz eti yahnisi

Ragù di Maiale

6 bardak yapar

Puglia'daki Natale Liberale'de kocam ve ben, Abruzzo'nun makarna alla chitarra'sına benzeyen taze bir kare spagetti olan bu trocoli öğütülmüş domuz eti ragu'yu yedik. Bunu bana, özel işlenmiş ahşap merdaneyle ev yapımı yumurtalı erişte tabakalarını nasıl kestiğini gösteren annesi Enza yaptı. Ragu ayrıca taze orecchiette veya fettuccine ile de iyidir.

Bitkilerin çeşitliliği Enza'nın yahnisini benzersiz kılıyor. Pişirerek sosun lezzetini derinleştirirler. Taze otlar idealdir, ancak kurutulmuş fesleğenlerden kaçınmama rağmen donmuş veya kurutulmuş otlar ikame edilebilir. Fesleğen yoksa taze maydanozla değiştirin.

4 yemek kaşığı zeytinyağı

1 orta boy soğan, ince doğranmış

11/2 su bardağı doğranmış taze fesleğen veya düz yapraklı maydanoz

1/4 su bardağı doğranmış taze nane yaprağı veya 1 çay kaşığı kurutulmuş

1 yemek kaşığı öğütülmüş taze adaçayı veya 1 çay kaşığı kurutulmuş

1 çay kaşığı öğütülmüş taze biberiye veya 1/2 çay kaşığı kurutulmuş

11/2 çay kaşığı rezene tohumu

1 pound kıyma domuz eti

Tuz ve taze çekilmiş karabiber

11/2 bardak kuru kırmızı şarap

1 kutu (28 oz.) ithal İtalyan soyulmuş domates suyuyla birlikte, doğranmış

1.Yağı, soğanı, tüm otları ve rezene tohumlarını büyük bir tencereye koyun ve ısıyı orta dereceye düşürün. Soğan yumuşak ve altın rengi oluncaya kadar ara sıra karıştırarak yaklaşık 10 dakika pişirin.

iki.Domuz eti ekleyin, ardından tuz ve karabiberle tatlandırın. Domuz eti pembeleşene kadar, topakları parçalamak için sık

sık karıştırarak yaklaşık 10 dakika pişirin. Şarabı ekleyin ve 5 dakika pişirin. Domatesleri ekleyin ve 1 saat veya sos koyulaşıncaya kadar pişirin. Sıcak servis yapın. Önceden hazırlanıp hava geçirmez bir kapta buzdolabında 3 güne kadar veya dondurucuda 2 aya kadar saklanabilir.

Trüf etli yahni

Ragu Tartufato

5 bardak yapar

Umbria'da bölgede yetişen siyah trüf mantarları pişirme süresi sonunda raguya eklenir. Sosa özel odunsu bir tat katıyorlar.

Yermantarını atlayabilir veya özel mağazalarda bulunan konserve yermantarlarını kullanabilirsiniz. Diğer bir alternatif ise biraz trüf yağı kullanmaktır. Tadı çok yoğun olabileceğinden çok az miktarda kullanın. Bu sosu taze fettuccine ile servis edin. Sos o kadar zengin ki rendelenmiş peynire gerek kalmıyor.

1 ons kurutulmuş porçini mantarı

2 su bardağı sıcak su

2 yemek kaşığı tuzsuz tereyağı

8 ons kıyma domuz eti

8 ons kıyma

2 ons doğranmış pancetta, ince doğranmış

1 kereviz sapı, ikiye bölünmüş

1 orta boy havuç, ikiye bölünmüş

1 küçük soğan, soyulmuş fakat bütün olarak bırakılmış

2 orta boy taze domates, soyulmuş, çekirdeği çıkarılmış ve
doğranmış veya 1 bardak ithal İtalyan konserve domatesi, süzülmüş
ve doğranmış

1 yemek kaşığı domates püresi

11/4 bardak ağır krema

1 küçük siyah trüf mantarı, taze veya konserve, ince dilimlenmiş
veya birkaç damla trüf yağı

Bir tutam taze rendelenmiş hindistan cevizi

1.Mantarları bir kase suya koyun. 30 dakika bekletin.
Mantarları sıvıdan çıkarın. Sıvıyı nemli bir kahve filtresi veya
tülbentten geçirerek temiz bir kaba süzün ve bir kenara
koyun. Mantarları soğuk su altında iyice yıkayın, özellikle
toprağın toplandığı sapların alt kısmına dikkat edin.
Mantarları ince ince doğrayın.

iki.Büyük bir tencerede orta ateşte tereyağını eritin. Eti ekleyin ve topakları parçalamak için sürekli karıştırarak, et pembe ama kahverengi olmayana kadar pişirin. Pürüzsüz kalmalıdır.

3.Şarabı ekleyin ve 1 dakika pişirin. Kereviz, havuç, soğan ve mantarları, bunların 1 su bardağı sıvısını, domatesleri ve salçayı ekleyip iyice karıştırın. Çok kısık ateşte 1 saat pişmeye bırakın. Sos çok kuruysa biraz mantar sıvısı ekleyin.

Dört. Ragu 1 saat piştikten sonra kereviz, havuç ve soğanı çıkarın. Bu noktaya kadar sos önceden hazırlanabilir. Soğumaya bırakın, ardından hava geçirmez bir kapta saklayın ve 3 güne kadar buzdolabında veya 2 aya kadar dondurucuda saklayın. Devam etmeden önce sosu tekrar ısıtın.

5.Servis yapmadan hemen önce kremayı, yer mantarını ve hindistan cevizini acı sosa ekleyin. Yavaşça karıştırın ancak yer mantarlarının lezzetini korumak için pişirmeyin. Sıcak servis yapın.

Tereyağı ve adaçayı sosu

Eşek sosu ve adaçayı

1/2 bardak yapar

Bu o kadar basit ki dahil etmekte tereddüt ettim ama klasik bir taze yumurtalı makarna sosu, özellikle de mantı gibi dolgulu makarna. Taze tereyağı kullanın ve bitmiş yemeğin üzerine taze rendelenmiş Parmigiano-Reggiano peyniri serpin.

1 çubuk tuzsuz tereyağı

6 adaçayı yaprağı

Tuz ve taze çekilmiş karabiber

Parmigiano Reggiano

Tereyağını adaçayı ile birlikte kısık ateşte eritin. 1 dakika kısık ateşte pişirin. Tuz ve karabiberle tatlandırın. Sıcak pişmiş makarnayla servis yapın ve üzerine Parmigiano-Reggiano peyniri serpin.

Varyasyon: Kahverengi Tereyağı Sosu: Tereyağını hafifçe kızarana kadar birkaç dakika pişirin. Bilgeyi bir kenara bırakın.

Fındık Sosu: 1/4 su bardağı kıyılmış kavrulmuş fındığı tereyağına ekleyin. Bilgeyi bir kenara bırakın.

kutsal yağ

Kutsal yağ

1 bardak yapar

Toskana, Abruzzo ve orta İtalya'nın diğer bölgelerindeki İtalyanlar, bu yağı kutsal olarak adlandırıyorlar çünkü tıpkı kutsanmış yağın bazı kutsal törenlerde kullanıldığı gibi, birçok çorba ve makarnayı "kutlamak" için kullanılıyor. Bu yağı çorbalara dökün veya makarnaya karıştırın. Dikkatli olun, hava çok sıcak!

Marketlerde bulabileceğiniz kurutulmuş biberleri kullanabilirsiniz. Bir İtalyan pazarındaysanız, paketlerde satılan acı biberleri veya "acı biberleri" arayın.

1 yemek kaşığı ezilmiş kurutulmuş biber veya ezilmiş kırmızı biber

1 su bardağı sızma zeytinyağı

Biberleri ve yağı küçük bir cam şişede karıştırın. Örtün ve iyice çalkalayın. Kullanmadan önce 1 hafta beklemeye bırakın. 3 aya kadar serin ve karanlık bir yerde saklayın.

Fontina peynir sosu

fondü

13⁄4 bardak yapar

Monforte d'Alba, Piedmont'taki Locanda di Felicin'in sahibi Giorgio Rocca, bu zengin ve lezzetli sosu sığ yemeklerde, üzerine meze olarak rendelenmiş yer mantarı veya brokoli veya kuşkonmaz gibi sebzelerle servis ediyor. Dene Patatesli Gnocchi, fazla.

2 büyük yumurta sarısı

1 bardak ağır krema

1 1/2 pound Fontina Valle d'Aosta, 1⁄2 inç küpler halinde kesilmiş

Yumurta sarılarını ve kremayı küçük bir tencerede karıştırın. Peyniri ekleyin ve orta ateşte sürekli karıştırarak peynir eriyene ve sos pürüzsüz hale gelinceye kadar yaklaşık 2 dakika pişirin. Sıcak servis yapın.

Beşamel sos

Balsamella sosu

Yaklaşık 4 bardak yapar

Bu temel beyaz sos genellikle peynirle eşleştirilir ve makarna veya kavrulmuş sebzelerde kullanılır. Tarif kolaylıkla yarıya indirilebilir.

1 litre süt

6 yemek kaşığı tuzsuz tereyağı

5 kaşık un

Tatmak için tuz ve taze çekilmiş karabiber.

Bir tutam taze rendelenmiş hindistan cevizi

1.Sütü orta boy bir tencerede, kenar çevresinde küçük kabarcıklar oluşana kadar ısıtın.

iki.Orta-düşük ateşte büyük bir tencerede tereyağını eritin. Unu ekleyin ve iyice karıştırın. 2 dakika pişirin.

3.Sütü yavaş yavaş ince bir akış halinde eklemeye başlayın ve tel çırpıcıyla karıştırın. İlk başta sos kalın ve topak topak olacak, ancak geri kalanını ekledikçe yavaş yavaş gevşeyecek ve pürüzsüz hale gelecektir.

Dört.Sütün tamamı eklendiğinde tuz, karabiber ve hindistan cevizini ekleyin. Isıyı orta dereceye yükseltin ve karışım kaynayana kadar sürekli karıştırın. 2 dakika daha pişirin. Ateşten alın. Bu sos 2 gün önceden hazırlanabilir. Bir kaba dökün, üzerine bir parça plastik ambalaj koyun ve kabuklanmasını önlemek için sıkıca kapatın, ardından buzdolabında saklayın. Kullanmadan önce kısık ateşte tekrar ısıtın, çok koyu olursa biraz süt ekleyin.

Sarımsaklı sos

Agliata

11⁄2 bardak yapar

Sarımsak sosu haşlanmış veya ızgara et, tavuk veya balıkla birlikte servis edilebilir. Hızlı bir yemek için onu sıcak pişmiş makarnaya bile karıştırdım. Bu versiyon Piedmont'tan, ancak Sicilya'da fındıksız yapılan agliata'yı da yedim. Kavrulmuş fındıkların verdiği tadı seviyorum.

2 diş sarımsak

2 veya 3 dilim kabuksuz İtalyan ekmeği

11/2 su bardağı kavrulmuş ceviz

1 su bardağı sızma zeytinyağı

Tuz ve taze çekilmiş karabiber

1.Bir mutfak robotu veya blenderde sarımsak, galeta unu, ceviz, tuz ve karabiberi damak tadınıza göre birleştirin. İnce doğranana kadar işleyin.

iki.Makine çalışırken yavaş yavaş yağı ekleyin. Sos kalın ve pürüzsüz hale gelinceye kadar işlem yapın.

3.Servis yapmadan önce 1 saat oda sıcaklığında bekletin.

Yeşil sos

Yeşil sos

1½ bardak yapar

İtalya'nın her yerinde salsa verde'yi şu ya da bu şekilde yemiş olmama rağmen, bu versiyon benim favorim çünkü ekmek ona kremsi bir doku veriyor ve maydanozun sıvı içinde asılı kalmasına yardımcı oluyor. Aksi takdirde maydanoz ve diğer katı maddeler dibe çökme eğilimi gösterir. Yeşil sosu klasik haşlanmış et yemeği Bollito Misto (<u>Karışık haşlanmış et</u>), ızgara veya fırında balık veya dilimlenmiş domates, haşlanmış yumurta veya buharda pişmiş sebzelerle. İmkanlar sonsuzdur.

3 bardak gevşek paketlenmiş taze düz yapraklı maydanoz

1 diş sarımsak

1/4 bardak kabuksuz İtalyan veya Fransız ekmeği, küp şeklinde

6 hamsi filetosu

3 yemek kaşığı süzülmüş kapari

1 su bardağı sızma zeytinyağı

2 yemek kaşığı kırmızı veya beyaz şarap sirkesi

Tuz

1.Maydanozu ve sarımsağı mutfak robotunda ince ince kıyın. Ekmek küplerini, hamsiyi ve kapariyi ekleyip ince ince işleyin.

iki.Makine çalışırken yağı, sirkeyi ve bir tutam tuzu ekleyin. Karıştırdıktan sonra baharat tadı; gerektiği gibi ayarlayın. Örtün ve oda sıcaklığında iki saate kadar veya daha uzun süre saklamak için buzdolabında saklayın.

Sicilya sarımsak ve kapari sosu

ammoghiu

Yaklaşık 2 bardak yapar

Sicilya kıyılarındaki Pantelleria adası, hem aromatik Moscato di Pantelleria tatlı şarabı hem de mükemmel kaparileriyle ünlüdür. Kapari adanın her yerinde yabani olarak gelişip büyüyor. İlkbaharda bitkiler güzel pembe ve beyaz çiçeklerle kaplıdır. Açılmamış tomurcukları ise bir başka yerel lezzet olan iri deniz tuzunda toplanıp muhafaza edilen kaparidir. Sicilyalılar, tuzun kaparilerin taze tadını sirkeden daha iyi koruduğuna inanıyor.

Kapari, domates ve bol miktarda sarımsaktan oluşan bu çiğ sos, balık veya makarnayla birlikte Sicilya'nın favorisidir. Bunu servis etmenin bir yolu da çıtır kızarmış balık veya kalamardır.

8 diş sarımsak, soyulmuş

1 su bardağı fesleğen yaprağı, durulanmış ve kurutulmuş

1 1/2 su bardağı taze maydanoz dalları

birkaç kereviz yaprağı

6 adet taze erik domates, soyulmuş ve çekirdekleri çıkarılmış

2 yemek kaşığı kapari, durulanmış ve süzülmüş

1 1/2 su bardağı sızma zeytinyağı

Tuz ve taze çekilmiş karabiber

1.Sarımsak, fesleğen, maydanoz ve kereviz yapraklarını mutfak robotunda ince ince doğrayın. Domatesleri ve kaparileri ekleyin ve pürüzsüz hale gelinceye kadar işleyin.

iki.Makine çalışırken yavaş yavaş zeytinyağını, tuz ve karabiberi damak tadınıza göre ekleyin. Pürüzsüz ve iyice karışana kadar işlem yapın. Servis yapmadan önce 1 saat bekletin. Oda sıcaklığında servis yapın.

Maydanoz ve yumurta sosu

Prezzemolo ve Uova sosu

2 bardak yapar

Trentino-Alto Adige'de bu sos taze bahar kuşkonmazıyla servis ediliyor. Haşlanmış yumurtalar ona zengin bir tat ve kremsi bir doku kazandırır. Haşlanmış tavuk, somon veya yeşil fasulye ve kuşkonmaz gibi sebzelerle iyi gider.

4 büyük yumurta

1 bardak taze düz yapraklı maydanoz, hafifçe paketlenmiş

2 yemek kaşığı kapari, durulanmış, süzülmüş ve doğranmış

1 diş sarımsak

1 çay kaşığı limon kabuğu rendesi

1 su bardağı sızma zeytinyağı

1 yemek kaşığı taze limon suyu

Tuz ve taze çekilmiş karabiber

1.Yumurtaları üzerini örtecek kadar soğuk suyla dolu küçük bir tencereye koyun. Suyu kaynamaya getirin. 12 dakika pişirin. Yumurtaları akan soğuk su altında soğumaya bırakın. Süzün ve soyun. Yumurtaları doğrayıp bir kaseye koyun.

iki. Maydanoz, kapari ve sarımsakları mutfak robotunda veya elle ince ince doğrayın. Bunları yumurtaların olduğu kaseye aktarın.

3.Limon kabuğu rendesini ekleyin. Bir çırpma teli kullanarak, tadına göre yağ, limon suyu, tuz ve karabiber ekleyin. Soslu bir tekneye dökün. Örtün ve 1 saat veya gece boyunca buzdolabında saklayın.

Dört. Servis yapmadan en az yarım saat önce sosu buzdolabından çıkarın. İyice karıştırın ve baharatlarla tatlandırın.

Varyasyon:1 yemek kaşığı doğranmış taze frenk soğanı ekleyin.

Kırmızı biber ve domates sosu

Bagnetto Rosso

Yaklaşık 2 pint yapar

Kuzey İtalya'daki Piedmont'ta bu sos, sebzelerin bol olduğu yaz aylarında büyük partiler halinde yapılır. Adı "kırmızı banyo" anlamına geliyor çünkü sos pişmiş etle veya tavuk, makarna, tortilla veya çiğ sebzelerle kullanılıyor.

4 büyük kırmızı biber, doğranmış

1 su bardağı soyulmuş, çekirdeği çıkarılmış ve doğranmış taze domates

1 orta boy soğan doğranmış

2 yemek kaşığı zeytinyağı

1 yemek kaşığı şarap sirkesi

1 çay kaşığı şeker

bir tutam toz kırmızı biber

bir tutam öğütülmüş tarçın

1.Tüm malzemeleri büyük bir tencerede birleştirin. Tencerenin kapağını kapatıp kısık ateşte pişirin. Kaynatın. (Kendinizi yakmamaya dikkat edin. Sıvı azsa bir miktar su ekleyin). Biberler yumuşayana kadar ara sıra karıştırarak 1 saat pişirin.

iki. Hafifçe soğumaya bırakın. Malzemeleri bir yiyecek değirmeninden geçirin veya bir blender veya mutfak robotunda pürüzsüz hale gelinceye kadar işleyin. Baharat için tadın. Sosu hava geçirmez kaplara aktarın ve 1 haftaya kadar buzdolabında veya üç aya kadar dondurun. Oda sıcaklığında servis yapın.

zeytin sosu

Zeytin sosu

Yaklaşık 1 bardak yapar

Crostini'nin üzerine hızlıca sürmek için konserve zeytin ezmesini veya ızgara etler için bu kolay sosu hazır bulundurmak iyi bir fikirdir. İnce doğranmış zeytinlerle değiştirilebilirler. Rozbif bonfile ile veya ekmek veya focaccia sosu olarak harika gider.

1 1/2 su bardağı siyah zeytin ezmesi

1 diş sarımsak, soyulmuş ve bıçağın yan tarafıyla düzleştirilmiş

1 yemek kaşığı şeritler halinde kesilmiş taze biberiye

1 1/2 su bardağı sızma zeytinyağı

1 ila 2 yemek kaşığı balzamik sirke

Orta boy bir kapta zeytin ezmesini, sarımsağı, biberiyeyi, yağı ve sirkeyi birleştirin. Sos çok kalınsa, biraz yağla inceltin. En az 1 saat oda sıcaklığında bekletin. Servis yapmadan önce sarımsakları çıkarın.

Güneşte kurutulmuş domates sosu

Pomodori Secchi Sosu

Yaklaşık 3⁄4 bardak yapar

Bu sosu soğuk biftek, rosto sığır eti veya domuz eti üzerine veya meze olarak bir blok yumuşak keçi peyniri üzerine gezdirin.

11/2 su bardağı güneşte kurutulmuş domates, marine edilmiş ve süzülmüş, ince doğranmış

2 yemek kaşığı kıyılmış taze maydanoz

1 yemek kaşığı doğranmış kapari

11/2 su bardağı sızma zeytinyağı

1 yemek kaşığı balzamik sirke

taze çekilmiş karabiber

Orta boy bir kapta tüm malzemeleri birleştirin. Servis yapmadan önce 1 saat oda sıcaklığında bekletin. Oda sıcaklığında servis yapın. Hava geçirmez bir kapta buzdolabında 2 güne kadar saklayın.

Molise usulü biber sosu

Biber sosu

Yaklaşık 1 bardak yapar

Molise, İtalya'nın en küçük ve en fakir bölgelerinden biri ama yemekleri lezzet dolu. Lehçede jevezarola adı verilen bu pepperoni sosunu ızgara veya kavrulmuş et veya tavuk için çeşni olarak deneyin. Izgara ton balığını da severim. kendininkini kullanabilirsinbiber turşusuveya mağazadan satın alınan çeşitlilik. Baharatlı yiyecekleri seviyorsanız biraz kırmızı biber turşusu ekleyin.

1 su bardağı kırmızı biber turşusu, süzülmüş

1 orta boy soğan doğranmış

1 çay kaşığı şeker

4 yemek kaşığı zeytinyağı

1.Biber, soğan ve şekeri bir mutfak robotuna veya karıştırıcıya yerleştirin. Pürüzsüz olana kadar karıştır. Yağı ekleyin ve iyice karıştırın.

iki. Karışımı küçük, ağır bir tencereye dökün. Sık sık karıştırarak koyulaşana kadar yaklaşık 45 dakika pişirin. Ateşten alın ve servis yapmadan önce soğumaya bırakın. Oda sıcaklığında servis yapın. Hava geçirmez bir kapta buzdolabında 1 aya kadar saklayın.

zeytinyağı mayonezi

mayonez

1 bardak yapar

Ev yapımı mayonez, olgun domates, haşlanmış yumurta, haşlanmış balık, dilimlenmiş tavuk veya sandviç üzerine sürülerek sade bir şekilde servis edildiğinde fark yaratır. Bunu yapmak için hafif aromalı sızma zeytinyağı kullanmayı veya tam aromalı yağı bitkisel yağla karıştırmayı seviyorum. Mayonezi tel çırpıcıyla elle veya elektrikli karıştırıcı kullanarak hazırlayın.

Çiğ yumurtalardaki Salmonella son yıllarda önemli ölçüde azaldı, ancak şüpheniz varsa, konserve mayonezi birkaç damla zeytinyağı ve taze limon suyuyla zenginleştirerek bunu makul bir alternatif haline getirebilirsiniz.

2 büyük yumurta sarısı, oda sıcaklığında

2 yemek kaşığı taze limon suyu

11/4 çay kaşığı tuz

1 su bardağı sızma zeytinyağı veya 1/2 su bardağı bitkisel yağ artı 1/2 su bardağı sızma zeytinyağı

1.Orta boy bir kapta yumurta sarısını, limon suyunu ve tuzu soluk sarı ve kalın bir kıvama gelinceye kadar çırpın.

iki.Çırpmaya devam edin ve karışım koyulaşmaya başlayıncaya kadar yavaş yavaş yağı damla damla ekleyin. Kalınlaştıkça kalan yağı daha eşit şekilde karıştırın ve daha fazlasını eklemeden önce emildiğinden emin olun. Herhangi bir noktada yağın emilmesi dururursa, yağı eklemeyi bırakın ve sos tekrar pürüzsüz hale gelinceye kadar hızla çırpın.

3.Baharatı tadın ve ayarlayın. Hemen servis yapın veya üzerini kapatıp 2 güne kadar buzdolabında saklayın.

Varyasyon: Bitkisel mayonez: 2 yemek kaşığı ince kıyılmış taze fesleğen veya maydanozu ekleyin. Limonlu Mayonez – 1/2 çay kaşığı rendelenmiş taze limon kabuğu rendesi ekleyin.

Sarımsak, yağ ve acı biberli linguine

Linguine Aglio, Olio ve Peperoncino

4 ila 6 porsiyon yapar

Sarımsak, meyveli sızma zeytinyağı, maydanoz ve acı kırmızı biber bu en lezzetli makarnanın basit baharatlarıdır. Tam aromalı zeytinyağı, taze sarımsak ve maydanoz gibi bir zorunluluktur. Yağın güçlü lezzetini tatması için sarımsağı yavaşça pişirin. Sarımsağın renginin altın renginden fazla olmasına izin vermeyin, aksi takdirde acı ve tadı olur. Bazı aşçılar maydanozu atlar ama ben onun kattığı taze tadı seviyorum.

11/2 su bardağı sızma zeytinyağı

İnce dilimlenmiş 4 ila 6 büyük diş sarımsak

1/2 çay kaşığı ezilmiş kırmızı biber

1/3 su bardağı doğranmış taze düz yapraklı maydanoz

Tuz

1 kiloluk linguine veya spagetti

1.Pişen makarnaları alacak büyüklükte bir tavaya yağı dökün. Sarımsak ve ezilmiş kırmızı biberi ekleyin. Orta ateşte, sık sık karıştırarak, sarımsak koyu altın rengine dönene kadar yaklaşık 4 ila 5 dakika pişirin. Maydanozu ekleyip ateşi kapatın.

iki. En az 4 litre soğuk suyu kaynatın. 2 yemek kaşığı tuzu, ardından makarnayı ekleyin ve makarna tamamen suyla kaplanana kadar aşağı doğru bastırın. Makarna al dente, yumuşak ama ısırmaya dayanıklı hale gelinceye kadar sık sık karıştırarak yüksek ateşte pişirin. Yemek pişirmek için biraz su ayırın. Makarnayı süzün ve sosla birlikte tavaya ekleyin.

3.Orta ateşte, makarna sosla iyice kaplanana kadar karıştırarak pişirin. Makarna kuru görünüyorsa biraz pişirme suyu ekleyin. Derhal servis yapın.

Varyasyon: Sarımsakla birlikte siyah veya yeşil zeytin, kapari veya doğranmış hamsi ekleyin. Üzerine zeytinyağında kızartılmış galeta unu veya rendelenmiş peynir serperek servis yapın.

Sarımsaklı ve zeytinli spagetti

Aglio e Zeytinli Spagetti

4 ila 6 porsiyon yapar

Bu hızlı makarna sosunu kendi doğrayıp doğradığınız zeytinlerle yapabilirsiniz ama hazır zeytinli makarna daha kullanışlıdır. Zeytin ezmesi ve zeytinler tuzlu olabileceğinden bu yemeğe rendelenmiş peynir eklemeyin.

1 1/4 su bardağı zeytinyağı

3 diş sarımsak, ince dilimlenmiş

bir tutam toz kırmızı biber

1/4 su bardağı yeşil zeytin ezmesi veya isteğe göre 1 su bardağı doğranmış çekirdekleri çıkarılmış yeşil zeytin

2 yemek kaşığı kıyılmış taze maydanoz

Tuz

1 kiloluk spagetti veya linguine

1.Pişen makarnaları alacak büyüklükte bir tavaya yağı dökün. Sarımsak ve ezilmiş kırmızı biberi ekleyin. Sarımsak derin bir altın rengine dönene kadar orta ateşte yaklaşık 4 ila 5 dakika pişirin. Zeytin ezmesini veya zeytinleri ve maydanozu ekleyip tavayı ocaktan alın.

iki.Büyük bir tencerede 4 litre suyu kaynatın. 2 yemek kaşığı tuzu, ardından makarnayı ekleyin ve makarna tamamen suyla kaplanana kadar yavaşça aşağı doğru bastırın. Makarna al dente, yumuşak ama ısırmaya dayanıklı hale gelinceye kadar sık sık karıştırarak yüksek ateşte pişirin. Yemek pişirmek için biraz su ayırın. Makarnayı süzün ve sosla birlikte tavaya ekleyin.

3.Orta ateşte, makarna sosla iyice kaplanana kadar karıştırarak pişirin. Makarna kuru görünüyorsa biraz sıcak kaynar su ekleyin. Derhal servis yapın.

Pestolu linguine

Pesto Linguine

4 ila 6 porsiyon yapar

Ligurya'da pesto, sarımsak ve otların havanda kalın bir macun oluşana kadar dövülmesiyle yapılır. Burada hafif bir tada sahip ve yarım inçten uzun olmayan minik yaprakları olan çeşitli fesleğen kullanılır. Yaptığı pesto, Amerika'daki fesleğenli pestodan çok daha hafif. Ligurya pestosunun tadına yaklaşmak için biraz düz yapraklı maydanoz ekliyorum. Maydanoz rengini fesleğenden daha iyi korur; fesleğen doğrandığında kararma eğilimi gösterir ve pestoya kadifemsi bir yeşil bırakır. Liguria'ya seyahat ediyorsanız ve bahçecilikten hoşlanıyorsanız, bir paket küçük fesleğen tohumu satın alın ve bunları evinizin bahçesinde yetiştirin. İtalya'dan eve paketlenmiş tohum getirilmesi yasak değil.

1 bardak sıkıca paketlenmiş fesleğen yaprağı, durulanmış ve kurutulmuş

1/4 bardak sıkıca paketlenmiş taze düz maydanoz, durulanmış ve kurutulmuş

2 yemek kaşığı beyazlatılmış çam fıstığı veya badem

1 diş sarımsak

Kaba tuz

1/3 su bardağı sızma zeytinyağı

1 kiloluk linguine

1/2 bardak taze rendelenmiş Parmigiano-Reggiano

2 yemek kaşığı tuzsuz tereyağı, yumuşatılmış

1.Bir mutfak robotunda fesleğen ve maydanoz yapraklarını çam fıstığı, sarımsak ve bir tutam tuzla birlikte çok ince parçalar halinde doğrayın. Yavaş yavaş zeytinyağını ince bir damla halinde ekleyin ve pürüzsüz hale gelinceye kadar karıştırın. Baharat için tadın.

iki.Büyük bir tencerede 4 litre suyu kaynatın. 2 yemek kaşığı tuzu, ardından makarnayı ekleyin ve makarna tamamen suyla kaplanana kadar yavaşça aşağı doğru bastırın. İyice karıştırın. Makarna al dente, yumuşak ama ısırmaya dayanıklı hale gelinceye kadar sık sık karıştırarak pişirin. Yemek pişirmek için biraz su ayırın. Makarnayı boşaltın.

3.Sıcak servis yapmak için makarnayı geniş bir kaseye koyun.
Pesto, peynir ve tereyağı ekleyin. Pestoyu inceltmek için
gerekirse biraz ayrılmış makarna suyundan ekleyerek iyice
karıştırın. Derhal servis yapın.

Cevizli ince spagetti

Noci'li spagetti

4 ila 6 porsiyon yapar

Bu genellikle Etsiz Cuma yemeklerinde yenen bir Napoliten tarifi. Bu makarna sosu için cevizlerin çok ince kıyılması gerekiyor, böylece parçalar çevrildiğinde makarnaya yapışıyor. İsterseniz bıçakla doğrayın veya mutfak robotu kullanın, ancak çok fazla işleyerek macun haline getirmeyin.

1 1/4 su bardağı zeytinyağı

3 büyük diş sarımsak, hafifçe doğranmış

1 su bardağı ince kıyılmış ceviz

Tuz

1 kiloluk spagetti, ince linguine veya erişte

1 1/2 bardak taze rendelenmiş Pecorino Romano

taze çekilmiş karabiber

2 yemek kaşığı kıyılmış taze maydanoz

1.Makarnayı alacak büyüklükte bir tavaya yağı dökün. Sarımsakları ekleyin ve orta ateşte, sarımsağı ara sıra bir kaşığın arkasıyla bastırarak altın rengi oluncaya kadar yaklaşık 3 ila 4 dakika pişirin. Sarımsakları tavadan çıkarın. Cevizleri ekleyin ve hafifçe kızarana kadar yaklaşık 5 dakika pişirin.

iki. Geniş bir tencerede en az 4 litre suyu kaynatın. 2 yemek kaşığı tuzu ve ardından makarnayı ekleyin. İyice karıştırın. Makarna al dente, yumuşak ama ısırmaya dayanıklı hale gelinceye kadar sık sık karıştırarak yüksek ateşte pişirin. Makarnayı süzüp pişirme suyunun bir kısmını ayırın.

3.Makarnayı fındık sosu ve nemli tutmaya yetecek kadar pişirme suyuyla karıştırın. Peyniri ve bol miktarda karabiber ekleyin. İyice karıştırın. Maydanozu ekleyip hemen servis yapın.

Güneşte kurutulmuş domatesli linguine

Pomodori Secchi ile Linguine

4 ila 6 porsiyon yapar

Kilerdeki bir kavanoz marine edilmiş güneşte kurutulmuş domates ve beklenmedik misafirler, bu hızlı makarna yemeğine ilham kaynağı oldu. En çok marine edilmiş güneşte kurutulmuş domateslerin paketlendiği yağ genellikle en iyi kalitede değildir, bu yüzden onu süzmeyi ve bu kolay sosa kendi sızma zeytinyağımı eklemeyi tercih ederim.

1 bardak (yaklaşık 6 ons) marine edilmiş güneşte kurutulmuş domates, süzülmüş

1 küçük diş sarımsak

1 1/4 su bardağı sızma zeytinyağı

1 yemek kaşığı balzamik sirke

Tuz

1 kiloluk linguine

6 taze fesleğen yaprağı, istiflenmiş ve ince şeritler halinde kesilmiş

1.Bir mutfak robotu veya blenderde domatesleri ve sarımsakları birleştirin ve ince bir şekilde doğranana kadar işleyin. Yavaş yavaş yağı ve sirkeyi ekleyin ve pürüzsüz hale gelinceye kadar karıştırın. Baharat için tadın.

iki.Geniş bir tencerede en az 4 litre suyu kaynatın. 2 yemek kaşığı tuzu, ardından makarnayı ekleyin ve makarna tamamen suyla kaplanana kadar yavaşça aşağı doğru bastırın. İyice karıştırın. Makarna al dente, yumuşak ama ısırmaya dayanıklı hale gelinceye kadar sık sık karıştırarak yüksek ateşte pişirin. Yemek pişirmek için biraz su ayırın. Makarnayı boşaltın.

3.Büyük bir kapta makarnayı domates sosu ve taze fesleğenle karıştırın, gerekirse makarna suyundan biraz ekleyin. Derhal servis yapın.

Varyasyon:Makarna ve sosa zeytinyağıyla doldurulmuş bir kutu ton balığı ekleyin. Veya doğranmış siyah zeytin veya hamsi ekleyin.

Kırmızı biber, pecorino ve fesleğenli spagetti

Acı biberli spagetti

4 ila 6 porsiyon yapar

Spagetti, linguine veya diğer uzun makarnaları kaşık ve çatalla yemek, İtalya'da ince parçalara ayırmak kadar kibar sayılmaz. Çocuklar küçük yaşlardan itibaren makarna parçalarını çatal üzerinde döndürmeyi ve bir yudum almadan düzgün bir şekilde yemeyi öğrenirler.

Bir rivayete göre 19. yüzyılın ortalarında üç uçlu çatal bu amaçla icat edilmiştir. O zamana kadar makarna her zaman elle yenirdi ve çatallar çoğunlukla et şişlemek için kullanıldığından yalnızca iki uçluydu. Napoli Kralı II. Ferdinand uşağı Cesare Spadaccini'den saray ziyafetlerinde uzun makarna servis etmenin bir yolunu bulmasını istedi. Spadaccini üç uçlu çatalı buldu, gerisi tarih oldu.

Taze acı biber Calabria mutfağının tipik bir örneğidir. Burada biberlerle birleştirilip spagetti ile servis ediliyor. Rendelenmiş pecorino, kırmızı biber ve fesleğenin tatlılığına hoş, tuzlu bir karşı noktadır.

11/4 su bardağı zeytinyağı

4 büyük kırmızı biber, ince şeritler halinde kesilmiş

1 veya 2 küçük taze biber, doğranmış ve doğranmış veya bir tutam ezilmiş kırmızı biber

Tuz

2 diş sarımsak, ince dilimlenmiş

12 taze fesleğen yaprağı, ince şeritler halinde kesilmiş

1/3 su bardağı taze rendelenmiş Pecorino Romano

1 kiloluk spagetti

1.Pişmiş makarnayı alacak kadar büyük bir tavada yağı orta ateşte ısıtın. Kırmızı biber, kırmızı biber ve tuz ekleyin. Ara sıra karıştırarak 10 dakika pişirin.

iki.Sarımsağı ekleyin. Kapağını kapatıp 10 dakika daha veya biberler yumuşayana kadar pişirin. Ateşten alıp fesleğen ekleyin.

3.Geniş bir tencerede en az 4 litre suyu kaynatın. 2 yemek kaşığı tuzu, ardından makarnayı ekleyin ve makarna tamamen suyla kaplanana kadar yavaşça aşağı doğru bastırın. İyice karıştırın. Spagetti al dente, yumuşak fakat yine de ısırılana kadar sık sık karıştırarak pişirin. Yemek pişirmek için biraz su ayırın. Makarnayı süzün ve sosla birlikte tavaya ekleyin.

Dört. Orta ateşte sürekli karıştırarak 1 dakika kadar pişirin. İyice karıştırın ve ayrılmış makarna suyunun bir kısmını ekleyin. Peyniri ekleyip tekrar karıştırın. Derhal servis yapın.

Kabak, fesleğen ve yumurtalı penne

Kabak ve Uova ile Penne

4 ila 6 porsiyon yapar

Makarnanın Çin'de "icat edildiği" ve Marco Polo tarafından İtalya'ya getirildiği efsanesi varlığını sürdürüyor. Polo ziyaret ettiğinde Çin'de erişte yeniyor olsa da makarna, 1279'da Venedik'e dönmeden çok önce İtalya'da iyi biliniyordu. Arkeologlar modern makarna yapım aletlerine benzeyen çizimler ve mutfak eşyaları buldular. MÖ 4. yüzyıldan kalma bir Etrüsk mezarında oklava ve kesici tekerlek olarak. C., Roma'nın kuzeyinde. Efsane muhtemelen Hollywood'un Gary Cooper'ın başrol oynadığı 1930 yapımı filmdeki Venedikli kaşifi canlandırmasına bağlanabilir.

Bu Napoliten tarifinde yumurtalar makarna ve sebzelerin sıcağında kremsi ve hafif kıvrılıncaya kadar pişirilir.

4 orta boy kabak (yaklaşık 1 1/4 pound), yıkanmış

1/3 su bardağı zeytinyağı

1 küçük soğan ince doğranmış

Tuz ve taze çekilmiş karabiber

3 büyük yumurta

1/2 bardak taze rendelenmiş Pecorino Romano veya Parmigiano-Reggiano

1 kiloluk penne

11/2 su bardağı doğranmış taze maydanoz veya fesleğen

1.Kabağı yaklaşık 11/2 inç uzunluğunda 1/4 inç kalınlığında çubuklar halinde kesin. Parçaları kurutun.

iki.Pişen makarnaları alacak büyüklükte bir tavaya yağı dökün. Soğanı ekleyin ve orta ateşte ara sıra karıştırarak yumuşayana kadar yaklaşık 5 dakika pişirin. Kabağı ekleyin ve sık sık karıştırarak, hafifçe kızarana kadar yaklaşık 10 dakika pişirin. Tuz ve karabiberle tatlandırın.

3.Orta boy bir kapta yumurtaları peynirle çırpın ve tuz ve karabiberle tatlandırın.

Dört.Kabak pişerken, büyük bir tencerede yaklaşık 4 litre suyu kaynatın. 2 yemek kaşığı tuz ve makarnayı ekleyin. İyice karıştırın. Makarna al dente, yumuşak ama ısırmaya dayanıklı hale gelinceye kadar sık sık karıştırarak yüksek ateşte pişirin. Yemek pişirmek için biraz su ayırın. Makarnayı süzün ve sosla birlikte tavaya ekleyin.

5.Makarnayı yumurtalı karışımla karıştırın. Fesleğen ekleyin ve iyice karıştırın. Makarna kuru görünüyorsa biraz pişirme suyundan ekleyin. Cömert bir tutam kırmızı biber ekleyin ve hemen servis yapın.

Bezelye ve yumurtalı makarna

Piselli'li makarna

4 porsiyon yapar

Ben küçükken annem bu yemeği çok yapardı. Konserve bezelye kullandı ama ben dondurulmuş kullanmayı seviyorum çünkü daha taze bir tada ve daha sıkı bir dokuya sahipler. Spagettiyi küçük parçalara ayırmak mantıksız görünebilir, ancak bu tarifin kökeninin anahtarı budur. İnsanlar fakir olduğunda ve beslenecek çok sayıda boğaz varken, çorba yapmak için daha fazla su ilave edilerek malzemeler kolayca uzatılabiliyordu.

Bu, her zaman yapabileceğim yedek yemeklerden biri çünkü dondurucuda bir paket bezelye, kilerde makarna ve buzdolabında birkaç yumurta nadiren bitiyor. Bezelye, yumurta ve makarna oldukça doyurucu olduğundan bu miktarı genellikle 4 porsiyon için yapıyorum. 6-8 porsiyon istiyorsanız yarım kilo makarna ekleyin.

11/4 su bardağı zeytinyağı

1 büyük soğan, ince dilimlenmiş

1 paket (10 ons) dondurulmuş bebek bezelye, kısmen çözülmüş

Tuz ve taze çekilmiş karabiber

2 büyük yumurta

1/2 bardak taze rendelenmiş Parmigiano-Reggiano

11/2 poundluk spagetti veya linguine, 2 inçlik parçalara bölünmüş

1.Makarnayı alacak büyüklükte bir tavaya yağı dökün. Soğanı ekleyin ve orta ateşte, ara sıra karıştırarak, soğan yumuşayana ve hafifçe kızarana kadar yaklaşık 12 dakika pişirin. Bezelyeleri ekleyin ve bezelyeler yumuşayana kadar yaklaşık 5 dakika daha pişirin. Tuz ve karabiberle tatlandırın.

iki.Orta boy bir kapta yumurtaları peynirle çırpın ve tuz ve karabiberle tatlandırın.

3.Geniş bir tencerede en az 4 litre suyu kaynatın. 2 yemek kaşığı tuzu ve ardından makarnayı ekleyin. İyice karıştırın. Yüksek ateşte, sık sık karıştırarak, makarna yumuşayıncaya kadar, ancak hafifçe pişene kadar pişirin. Makarnayı süzüp pişirme suyunun bir kısmını ayırın.

Dört. Makarnayı bezelyeyle birlikte tavaya atın. Yumurta karışımını ekleyin ve kısık ateşte, sürekli karıştırarak, yumurtalar hafifçe sertleşene kadar yaklaşık 2 dakika pişirin. Makarna kuru görünüyorsa biraz pişirme suyundan ekleyin. Derhal servis yapın.

Yeşil fasulye, domates ve fesleğenli linguine

Fagiolini ile Lingiune

4 ila 6 porsiyon yapar

Ricotta salata, ricotta'nın tuzlu preslenmiş bir şeklidir. Bulamıyorsanız, yumuşak, tuzsuz beyaz peynir veya taze ricotta ve rendelenmiş pecorino ile değiştirin. Bu makarna Puglia'ya özgüdür.

12 ons yeşil fasulye, doğranmış

Tuz

$1\,1/4$ su bardağı zeytinyağı

1 diş sarımsak ince doğranmış

5 orta boy domates, soyulmuş, çekirdekleri çıkarılmış ve doğranmış (yaklaşık 3 bardak)

taze çekilmiş karabiber

1 kiloluk linguine

$1\,1/2$ su bardağı doğranmış taze fesleğen

1 su bardağı rendelenmiş ricotta salatası, yumuşak beyaz peynir veya taze ricotta

1.Yaklaşık 4 litre suyu kaynatın. Tadına göre yeşil fasulye ve tuz ekleyin. 5 dakika veya gevrekleşene kadar pişirin. Yeşil fasulyeleri oluklu bir kaşık veya elek ile çıkarın ve suyunu saklayın. Fasulyeleri kurutun. Fasulyeleri 1 inçlik parçalar halinde kesin.

iki.Pişen makarnaları alacak büyüklükte bir tavaya yağı dökün. Sarımsakları ekleyin ve orta-düşük ateşte, hafifçe kızarana kadar yaklaşık 2 dakika pişirin.

3.Domatesleri ekleyin ve damak tadınıza göre tuz ve karabiber ekleyin. Domatesler koyulaşıncaya ve meyve suları buharlaşana kadar ara sıra karıştırarak pişirin. Fasulyeleri ekleyin. 5 dakika daha kısık ateşte pişirin.

Dört.Bu arada su dolu tencereyi tekrar kaynatın. 2 yemek kaşığı tuzu, ardından linguini ekleyin ve makarna tamamen suyla kaplanana kadar yavaşça aşağı doğru bastırın. Makarna al dente, yumuşak ama ısırmaya dayanıklı hale gelinceye kadar sık sık karıştırarak yüksek ateşte pişirin. Yemek pişirmek için biraz su ayırın. Makarnayı süzün ve sosla birlikte tavaya ekleyin.

5.Linguine'yi tavada sosla karıştırın. Fesleğen ve peyniri ekleyin ve orta ateşte peynir kremsi hale gelinceye kadar tekrar karıştırın. Derhal servis yapın.

Patates kremalı ve rokalı kulaklar

Patates kremalı orecchiette

4 ila 6 porsiyon yapar

Vahşi roket Puglia'nın her yerinde yetişiyor. Dar tırtıklı bıçağı ve çekici ceviz tadıyla gevrektir. Yapraklar çiğ olarak yenir ve genellikle makarnayla birlikte pişirilir. Patates nişastalıdır, ancak İtalya'da sadece başka bir sebze olarak kabul edilir, bu nedenle özellikle Puglia'da makarnayla servis edilmesi yasak değildir. Patatesler yumuşayıncaya kadar haşlanır, daha sonra pişirme suyuyla krema kıvamına gelinceye kadar ezilir.

2 orta haşlanmış patates, yaklaşık 12 ons

Tuz

11/4 su bardağı zeytinyağı

1 diş sarımsak ince doğranmış

1 pound orecchiette veya kabukları

2 demet roka (yaklaşık 8 ons), sert sapları çıkarılmış, durulanmış ve suyu süzülmüş

Tuz ve taze çekilmiş karabiber

1.Patatesleri soyun ve tadına göre tuz ve üzerini kaplayacak kadar soğuk su ile küçük bir tencereye koyun. Suyu kaynatın ve patatesleri keskin bir bıçakla delerek yumuşayana kadar yaklaşık 20 dakika haşlayın. Suyunu koruyarak patatesleri boşaltın.

iki. Orta boy bir tavaya yağı dökün. Sarımsakları ekleyin ve orta ateşte sarımsaklar altın rengi oluncaya kadar yaklaşık 2 dakika pişirin. Ateşten alın. Patatesleri ekleyin ve bir ezici veya çatalla iyice ezin, yumuşak bir 'krema' elde etmek için ayrılmış sudan yaklaşık bir bardak ekleyin. Tuz ve karabiberle tatlandırın.

3.4 litre suyu kaynatın. 2 yemek kaşığı tuzu ve ardından makarnayı ekleyin. İyice karıştırın. Makarna al dente, yumuşak ama ısırmaya dayanıklı hale gelinceye kadar sık sık karıştırarak yüksek ateşte pişirin. Rokayı ekleyin ve bir kez atın. Makarnayı ve rokayı süzün.

Dört. Makarnayı ve rokayı tekrar tencereye alıp patates sosunu ekleyin. Gerekirse patateslerden biraz su ekleyerek kısık ateşte pişirin ve karıştırın. Derhal servis yapın.

Makarna ve patates

Makarna ve patates

6 porsiyon yapar

Fasulye veya mercimekli makarna gibi, makarna ve patates de cucina povera'nın güzel bir örneğidir; güney İtalya'nın bazı mütevazi malzemeleri alıp lezzetli yemeklere dönüştürme yöntemi. Zamanların gerçekten kötü olduğu ve beslenecek çok sayıda ağzın olduğu zamanlarda, fazladan su eklemek, genellikle sebzelerin pişirilmesinden veya makarnanın pişirilmesinden arta kalan sıvının eklenmesi, daha ileri gitmek için bu gıdaların makarnadan çorbaya uzatılması alışılmış bir şeydi.

11/4 su bardağı zeytinyağı

1 orta boy havuç, doğranmış

1 orta boy kereviz sapı, doğranmış

1 orta boy soğan doğranmış

2 diş sarımsak ince doğranmış

2 yemek kaşığı kıyılmış taze maydanoz

3 yemek kaşığı domates püresi

Tuz ve taze çekilmiş karabiber

11⁄2 pound haşlanmış patates, soyulmuş ve doğranmış

1 pound tubetti veya küçük kabuklar

1⁄2 bardak taze rendelenmiş Pecorino Romano veya Parmigiano-Reggiano

1.Yağı geniş bir tencereye dökün ve patates hariç doğranmış malzemeleri ekleyin. Orta ateşte ara sıra karıştırarak yumuşayana ve altın rengi olana kadar yaklaşık 15 ila 20 dakika pişirin.

iki.Tatlandırmak için domates püresini ve tuz ve karabiberi ekleyin. Patatesleri ve 4 su bardağı suyu ekleyin. Kaynatın ve patatesler iyice yumuşayana kadar yaklaşık 30 dakika pişirin. Bir kaç patatesi kaşığın arkasıyla ezin.

3.Büyük bir tencerede yaklaşık 4 litre suyu kaynatın. 2 yemek kaşığı tuzu ve ardından makarnayı ekleyin. İyice karıştırın. Makarna al dente, yumuşak ama ısırmaya dayanıklı hale gelinceye kadar sık sık karıştırarak pişirin. Yemek pişirmek için biraz su ayırın. Makarnayı patatesli karışıma ekleyin. Gerekirse ayrılmış pişirme suyundan biraz ekleyin, ancak karışım oldukça koyu kalmalıdır. Peyniri ekleyip hemen servis yapın.

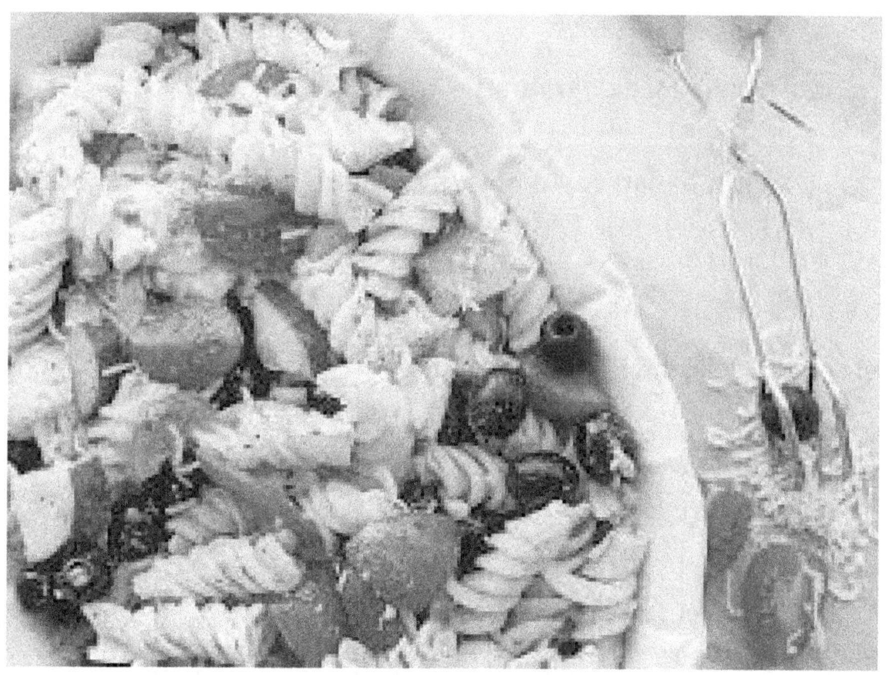

Karnabahar ve peynirli kabuklar

Conchiglie al Cavolfiore

6 porsiyon yapar

Çok yönlü karnabahar, güney İtalya'daki birçok makarna yemeğinin yıldızıdır. Sicilya'da bu basit yemeği mora boyanmış yerel karnabaharla yaptık.

11/2 su bardağı zeytinyağı

1 orta boy soğan, ince doğranmış

1 orta boy karnabahar, soyulmuş ve çiçeklere bölünmüş

Tuz

2 yemek kaşığı kıyılmış taze maydanoz

taze çekilmiş karabiber

1 kilo midye

31/4 bardak taze rendelenmiş Pecorino Romano

1.Pişen makarnaları alacak büyüklükte bir tavaya yağı dökün. Soğanı ekleyip orta ateşte 5 dakika pişirin. Tadına göre karnabahar ve tuz ekleyin. Kapağını kapatıp 15 dakika veya karnabahar yumuşayana kadar pişirin. Tadına göre maydanoz ve karabiber ekleyin.

iki. Geniş bir tencerede en az 4 litre suyu kaynatın. 2 yemek kaşığı tuzu ve ardından makarnayı ekleyin. İyice karıştırın. Makarna al dente, yumuşak ama ısırmaya dayanıklı hale gelinceye kadar sık sık karıştırarak yüksek ateşte pişirin. Makarnayı süzüp pişirme suyunun bir kısmını ayırın.

3.Makarnayı karnabaharla birlikte tavaya ekleyin ve orta ateşte iyice karıştırın. Gerekirse biraz pişirme suyu ekleyin. Peyniri ekleyin ve bol miktarda karabiberle tekrar atın. Derhal servis yapın.

Karnabahar, safran ve kuş üzümü ile makarna

Makarna Arriminati

6 porsiyon yapar

Sicilya karnabaharının çeşitleri morumsu beyazdan bezelye yeşiline kadar değişir ve taze hasat edildiğinde sonbahar ve kış aylarında harika bir tada sahiptir. Bu, Sicilya makarnası ve karnabaharın çeşitli kombinasyonlarından biridir. Safran altın rengi ve hafif bir tat katarken, kuş üzümü ve hamsi tatlılık ve tuzluluk katar. Kızartılmış ekmek kırıntıları, son dokunuş olarak hafif bir çıtırlık sağlar.

1 çay kaşığı safran ipi

iki/3 bardak koyu kuş üzümü veya kuru üzüm

Tuz

1 büyük karnabahar (yaklaşık 2 pound), kesilmiş ve çiçeklere bölünmüş

1/3 su bardağı zeytinyağı

1 orta boy soğan, ince doğranmış

6 hamsi filetosu, suyu süzülmüş ve dilimlenmiş

taze çekilmiş karabiber

1/3 bardak çam fıstığı, hafifçe kızartılmış

1 pound penne veya tarak

11/4 su bardağı kızarmış ekmek kırıntısı

1.Küçük bir kapta safran şeritlerini 2 yemek kaşığı sıcak su ile serpin. Kuş üzümlerini üzerlerini kaplayacak şekilde başka bir sıcak su kabına koyun. Her ikisini de yaklaşık 10 dakika bekletin.

iki.Geniş bir tencerede en az 4 litre suyu kaynatın. 2 yemek kaşığı tuz ve karnabaharı ekleyin. Karnabahar bıçakla delindiğinde yumuşayana kadar, yaklaşık 10 dakika, sık sık karıştırarak pişirin. Karnabaharı oluklu bir kaşıkla çıkarın, suyu makarnayı pişirmek için saklayın.

3.Pişen makarnaları alacak büyüklükte bir tavaya yağı dökün. Soğanı ekleyip orta ateşte 10 dakika pişirin. Hamsileri ekleyin ve eriyene kadar sık sık karıştırarak 2 dakika daha pişirin.

Safranı ve ıslatma sıvısını ekleyin. Kuş üzümlerini süzüp tavaya ekleyin.

Dört. Pişmiş karnabaharı ekleyin. Pişirme suyunun bir kısmını çıkarın ve karnabaharla birlikte tavaya ekleyin. Karnabaharı kaşığın tersiyle küçük parçalara bölerek 10 dakika pişirin. Tadına göre tuz ve karabiber ekleyin. Çam fıstıklarını ekleyin.

5.Karnabahar haşlanırken kaynar suyu tekrar kaynatın. Makarnayı ekleyin ve iyice karıştırın. Makarna al dente, yumuşak ama ısırmaya dayanıklı hale gelinceye kadar sık sık karıştırarak yüksek ateşte pişirin. Yemek pişirmek için biraz su ayırın. Makarnayı süzün ve karnabahar karışımıyla birlikte tavaya ekleyin. İyice karıştırın ve makarna kuru görünüyorsa biraz pişirme suyu ekleyin.

6.Kızartılmış ekmek kırıntıları serpiştirilmiş makarnayı servis yapın.

Enginar ve bezelye ile kelebekler

Carciofi ile Farfalle

4 ila 6 porsiyon yapar

Her ne kadar birçok İtalyan tatil yeri kış aylarında kapansa da çoğu Paskalya'da yeniden açılıyor. Portofino'da bulunduğum bir sene hava yağmurlu ve soğuk olmasına rağmen durum böyleydi. Nihayet gökyüzü açıldı, güneş çıktı ve eşimle birlikte otelimizin denize bakan terasında öğle yemeğinin tadını çıkarabildik.

Bu makarnayla başladık, ardından zeytinle pişirilmiş bütün balık izledik. Tatlı limonlu tarttı. Mükemmel bir Paskalya yemeğiydi.

Yavru enginarınız yoksa, bunları dilimler halinde kesilmiş daha büyük enginarlarla değiştirin.

500 gr ince enginar

2 yemek kaşığı zeytinyağı

1 küçük soğan ince doğranmış

1 diş sarımsak ince doğranmış

Tuz ve taze çekilmiş karabiber

2 su bardağı taze bezelye veya 1 (10 ons) paket dondurulmuş

11/2 su bardağı doğranmış taze fesleğen veya düz yapraklı maydanoz

1 pound farfalle

1/2 bardak taze rendelenmiş Parmigiano-Reggiano

1.Büyük bir bıçak kullanarak enginarların üst 1 inçlik kısmını kesin. Bunları soğuk suyla iyice durulayın. Eğilin ve tabanın etrafındaki küçük yaprakları kesin. Kalan yaprakların sivri uçlarını kesmek için makas kullanın. Sert dış kabuğu saplardan ve taban çevresinden soyun. Enginarları ikiye bölün. Yuvarlak uçlu küçük bir bıçak kullanarak, kıllı yaprakları ortasından kazıyın. Enginarları ince dilimler halinde kesin.

iki.Pişen makarnaları alabilecek büyüklükte bir tavaya zeytinyağını dökün. Soğanı ve sarımsağı ekleyip orta ateşte ara sıra karıştırarak 10 dakika pişirin. Enginarları ve 2 yemek kaşığı suyu ekleyin. Tadına göre tuz ve karabiber ekleyin. 10 dakika veya enginarlar yumuşayana kadar pişirin.

3.Bezelyeyi ekleyin. 5 dakika veya bezelyeler yumuşayana kadar pişirin. Ateşten alıp fesleğen ekleyin.

Dört. En az 4 litre suyu kaynatın. 2 yemek kaşığı tuzu ve ardından makarnayı ekleyin. İyice karıştırın. Makarna al dente, yumuşak ama ısırmaya dayanıklı hale gelinceye kadar sık sık karıştırarak pişirin. Yemek pişirmek için biraz su ayırın. Makarnayı boşaltın.

5.Makarnayı enginar sosuyla ve gerekirse biraz pişirme suyuyla karıştırın. Bir miktar sızma zeytinyağı ekleyin ve tekrar karıştırın. Peynir serpin ve hemen servis yapın.

Enginar ve domuzlu fettuccine

Carciofi ve Porcini ile Fettuccine

4 ila 6 porsiyon yapar

Enginar ve mantar alışılmadık bir kombinasyon gibi görünebilir, ancak bu makarnayı yediğim Liguria'da öyle değil. Bu yemek çok lezzetli olduğu için rendelenmiş peynire gerek yok, özellikle de yemeği iyi bir sızma zeytinyağıyla bitirirseniz.

1 ons kurutulmuş porçini mantarı

1 bardak ılık su

1 kiloluk enginar

1 1/4 su bardağı zeytinyağı

1 küçük soğan, doğranmış

1 diş sarımsak, çok ince doğranmış

2 yemek kaşığı kıyılmış taze maydanoz

1 su bardağı soyulmuş, çekirdeği çıkarılmış ve doğranmış taze domates veya konserve ithal İtalyan domatesi, süzülmüş ve doğranmış

Tuz ve taze çekilmiş karabiber

1 kiloluk kuru fettuccine

sızma zeytinyağı

1.Mantarları suya koyun ve 30 dakika bekletin. Sıvıyı saklayarak mantarları sudan çıkarın. Kumu çıkarmak için mantarları soğuk akan su altında durulayın, özellikle sapların kirin biriktiği uçlarına dikkat edin. Mantarları büyük parçalar halinde kesin. Mantarlardaki sıvıyı bir kaseye süzün. Bir kenara koyun.

iki.Büyük bir bıçak kullanarak enginarların üst 1 inçlik kısmını kesin. Bunları soğuk suyla iyice durulayın. Eğilin ve tabanın etrafındaki küçük yaprakları kesin. Kalan yaprakların sivri uçlarını kesmek için makas kullanın. Sert dış kabuğu saplardan ve taban çevresinden soyun. Enginarları ikiye bölün. Küçük bir bıçak kullanarak, yıpranmış yaprakları merkezden kazıyın. Enginarları ince dilimler halinde kesin.

3.Pişen makarnaları alacak büyüklükte bir tavaya yağı dökün. Soğanı, mantarı, maydanozu ve sarımsağı ekleyip orta ateşte 10 dakika pişirin. Tadına göre enginar, domates, tuz ve karabiber ekleyin. 10 dakika pişirin. Mantar sıvısını ekleyin ve 10 dakika daha veya bıçakla test edildiğinde enginarlar yumuşayana kadar pişirin.

Dört.Büyük bir tencerede 4 litre suyu kaynatın. 2 yemek kaşığı tuzu ve ardından makarnayı ekleyin. İyice karıştırın. Makarna al dente, yumuşak ama ısırmaya dayanıklı hale gelinceye kadar sık sık karıştırarak yüksek ateşte pişirin. Yemek pişirmek için biraz su ayırın. Makarnayı boşaltın.

5.Makarnayı sosla ve gerekirse biraz pişirme suyuyla karıştırın. Sızma zeytinyağını gezdirip hemen servis yapın.

Patlıcan yahnisi ile Rigatoni

Ragù di Melanzane ile Rigatoni

4 ila 6 porsiyon yapar

Ragu yapmak için genellikle domates sosuna et eklenir, ancak bu vejetaryen Basilicata versiyonunda patlıcan kullanılır çünkü o da aynı derecede zengin ve lezzetlidir.

RigaMakarnanın şekli adına, rigatoni veya penne rigate gibi, sos maşası görevi gören çıkıntılara sahip olduğu anlamına gelir. Rigatoni, büyük yarıklı makarna tüpleridir. Kalınlığı ve büyük şekli, kalın malzemeli doyurucu bir yahni tamamlar.

11/4 su bardağı zeytinyağı

11/4 su bardağı doğranmış arpacık soğanı

4 su bardağı doğranmış patlıcan

11/2 su bardağı doğranmış kırmızı biber

11/2 bardak kuru beyaz şarap

1 1/2 pound erik domates, soyulmuş, çekirdekleri çıkarılmış ve doğranmış veya 2 bardak konserve ithal İtalyan domates suyuyla birlikte

Bir tutam taze kekik

Tuz

taze çekilmiş karabiber

1 pound rigatoni, penne veya farfalle

Üzerine serpmek için sızma zeytinyağı

1.Yağı büyük, ağır bir tavaya dökün. Arpacık soğanı ekleyin ve orta ateşte 1 dakika pişirin. Patlıcan ve kırmızı biberi ekleyin. Sık sık karıştırarak sebzeler yumuşayana kadar yaklaşık 10 dakika pişirin.

iki.Şarabı ekleyin ve buharlaşana kadar 1 dakika pişirin.

3.Tatlandırmak için domates, kekik, tuz ve karabiber ekleyin. Isıyı düşük seviyeye düşürün. Ara sıra karıştırarak 40 dakika veya sos koyulaşıncaya ve sebzeler yumuşayana kadar pişirin. Karışım çok kuru ise biraz su ekleyin. Kekiği çıkarın.

Dört. Geniş bir tencerede en az 4 litre suyu kaynatın. 2 yemek kaşığı tuzu ve ardından makarnayı ekleyin. İyice karıştırın. Makarna al dente, yumuşak ama ısırmaya dayanıklı hale gelinceye kadar sık sık karıştırarak yüksek ateşte pişirin. Yemek pişirmek için biraz su ayırın. Makarnayı süzün ve sıcak bir servis kasesine aktarın.

5.Sosu dökün ve iyice karıştırın, gerekirse biraz pişirme suyu ekleyin. Biraz sızma zeytinyağı gezdirin ve tekrar atın. Derhal servis yapın.

Patlıcanlı Sicilya spagetti

Spagetti alla Norma

4 ila 6 porsiyon yapar

KuralSicilyalı Vincenzo Bellini'nin bestelediği güzel bir operanın adıdır. Sicilya'da çok sevilen bir sebze olan patlıcandan yapılan bu makarna, adını operadan almıştır.

Ricotta salata, yemek için peynir olarak dilimlenmiş veya makarnanın üzerine rendelenmiş olan ricotta'nın preslenmiş bir şeklidir. Ayrıca çok lezzetli olan tütsülenmiş bir versiyonu da var, ancak bunu Sicilya dışında hiç görmemiştim. Ricotta salatası bulamazsanız, çok benzer olan beyaz peynir yerine Pecorino Romano kullanın.

1 orta boy patlıcan, kesilmiş ve 1/4 inç kalınlığında dilimlenmiş

Tuz

kızartmak için zeytinyağı

2 diş sarımsak, hafifçe doğranmış

bir tutam toz kırmızı biber

3 pound olgun erik domates, soyulmuş, çekirdekleri çıkarılmış ve doğranmış veya 1 kutu (28 ons) ithal İtalyan soyulmuş domates, süzülmüş ve doğranmış

6 yaprak taze fesleğen

1 kiloluk spagetti

1 bardak rendelenmiş ricotta salatası veya Pecorino Romano

1.Patlıcan dilimlerini bir tabağa bir kevgir içine koyun ve her katmana tuz serpin. 30 ila 60 dakika bekletin. Patlıcanı durulayın ve kağıt havluyla iyice kurulayın.

iki.Derin, ağır bir tavaya yaklaşık 1/2 inç yağ dökün. Tavaya koyduğunuzda küçük bir patlıcan parçası cızırdayana kadar yağı orta ateşte ısıtın. Patlıcan dilimlerini her iki tarafı da altın rengi oluncaya kadar birer birer kızartın. Kağıt havluların üzerine boşaltın.

3.Orta boy bir tavaya 3 yemek kaşığı yağı dökün. Sarımsak ve ezilmiş kırmızı biberi ekleyin ve orta ateşte sarımsak altın rengi oluncaya kadar yaklaşık 4 dakika pişirin. Sarımsakları çıkarın. Tadına göre domates ve tuz ekleyin. Isıyı en aza indirin ve 20 ila 30 dakika veya sos kalınlaşana kadar pişirin. Fesleğeni ekleyip ateşi kapatın.

Dört. Geniş bir tencerede en az 4 litre suyu kaynatın. 2 yemek kaşığı tuzu ve ardından makarnayı ekleyin. İyice karıştırın. Makarna al dente, yumuşak ama ısırmaya dayanıklı hale gelinceye kadar sık sık karıştırarak yüksek ateşte pişirin. Yemek pişirmek için biraz su ayırın. Makarnayı boşaltın.

5.Makarnayı sosla birlikte sıcak bir servis kasesine alın, gerekirse biraz pişirme suyu ekleyin. Peyniri ekleyip tekrar karıştırın. Patlıcan dilimlerini sıralayıp hemen servis yapın.

Brokoli, domates, çam fıstığı ve kuru üzümlü kelebekler

Farfalle alla Siciliana

4 ila 6 porsiyon yapar

Çam fıstığı hoş bir çıtırlık sağlar ve kuru üzümler bu lezzetli Sicilya makarnasına tatlılık katar. Brokoli, makarnayla aynı tencerede pişirilir, böylece tatlar gerçekten bir araya gelir. Erik çeşidi yerine büyük, yuvarlak domateslerle karşılaşırsanız, onları da kullanabilirsiniz, ancak sos daha ince olacak ve biraz daha uzun pişirme gerektirebilecektir.

1/3 su bardağı zeytinyağı

2 diş sarımsak ince doğranmış

bir tutam toz kırmızı biber

21/2 pound taze erik domates (yaklaşık 15), soyulmuş, çekirdekleri çıkarılmış ve doğranmış

Tuz ve taze çekilmiş karabiber

2 yemek kaşığı kuru üzüm

1 pound farfalle

1 orta boy brokoli, sapları çıkarılmış ve küçük çiçeklere bölünmüş

2 yemek kaşığı kavrulmuş çam fıstığı

1.Makarnayı alacak büyüklükte bir tavaya yağı dökün. Sarımsak
ve ezilmiş kırmızı biberi ekleyin. Sarımsak altın rengi olana
kadar orta ateşte yaklaşık 2 dakika pişirin. Domatesleri
ekleyin ve damak tadınıza göre tuz ve karabiber ekleyin.
Kaynatın ve sos kalınlaşana kadar 15 ila 20 dakika pişirin.
Kuru üzümleri ekleyip ocaktan alın.

iki. Geniş bir tencerede en az 4 litre suyu kaynatın. 2 yemek
kaşığı tuzu ve ardından makarnayı ekleyin. İyice karıştırın. Su
tekrar kaynama noktasına gelinceye kadar sık sık karıştırarak
pişirin.

3.Brokoliyi makarnaya ekleyin. Makarna al dente, yumuşak ama
ısırmaya dayanıklı hale gelinceye kadar sık sık karıştırarak
pişirin. Yemek pişirmek için biraz su ayırın.

Dört. Makarnayı ve brokolileri süzün. Gerekirse biraz pişirme
suyu ekleyerek domateslerle birlikte tavaya ekleyin. İyice
karıştırın. Üzerine çam fıstığı serpip hemen servis yapın.

Sarımsaklı sebzeler ve patatesli Cavatelli

Cavatelli sebze ve patates ile

4 ila 6 porsiyon yapar

Sebze yıkamak en sevdiğim iş olmayabilir ama yiyeceklerin içinde kum bulmak daha da kötü, bu yüzden onu en az üç kez yıkıyorum. Bu zahmete değer. Bu tarifte yalnızca bir çeşit kullanabilirsiniz, ancak iki veya üç farklı sebzenin karışımı yemeğe ilginç bir doku ve lezzet katacaktır.

Bu tarifteki patatesler makarnayla birlikte pişirilmek üzere küçük parçalar halinde kesilmelidir. Biraz fazla pişmiş ve ufalanarak makarnaya kremsi bir pürüzsüzlük katıyorlar.

Brokoli, mizuna, hardal yeşillikleri, lahana veya karahindiba yeşillikleri gibi 1 1/2 pound çeşitli yeşillikler kesilmiş

Tuz

1/3 su bardağı zeytinyağı

4 diş sarımsak, ince dilimlenmiş

bir tutam toz kırmızı biber

Tuz ve taze çekilmiş karabiber

1 kilo cavatelli

1 pound haşlanmış patates, soyulmuş ve 1/2 inçlik parçalar halinde kesilmiş

1.Bir lavaboyu veya büyük bir kabı soğuk suyla doldurun. Sebzeleri ekleyip suya karıştırın. Sebzeleri bir kevgir içine aktarın, suyunu değiştirin ve tüm irmik izlerini gidermek için işlemi en az iki kez daha tekrarlayın.

iki.Büyük bir tencereye suyu kaynatın. Tadına göre sebze ve tuz ekleyin. Kullanılan çeşitlere bağlı olarak sebzeler yumuşayana kadar 5 ila 10 dakika pişirin. Sebzeleri boşaltın ve akan soğuk su altında hafifçe soğumasını bekleyin. Sebzeleri küçük parçalar halinde kesin.

3.Pişen makarnaları alacak büyüklükte bir tavaya yağı dökün. Sarımsak ve ezilmiş kırmızı biberi ekleyin. Sarımsak altın rengi olana kadar orta ateşte 2 dakika pişirin. Sebzeleri ve bir tutam tuzu ekleyin. Sebzeler yağla kaplanana kadar yaklaşık 5 dakika karıştırarak pişirin.

Dört. Geniş bir tencerede en az 4 litre suyu kaynatın. 2 yemek kaşığı tuzu ve ardından makarnayı ekleyin. Su tekrar kaynama noktasına gelinceye kadar sık sık karıştırarak pişirin. Patatesleri ekleyin ve makarna al dente, yumuşak fakat ısırmaya dayanıklı hale gelinceye kadar pişirin. Yemek pişirmek için biraz su ayırın. Makarnayı boşaltın.

5.Makarnayı ve patatesleri sebzelere ekleyip iyice karıştırın. Makarna kuru görünüyorsa biraz pişirme suyu ekleyin. Derhal servis yapın.

Kabak Linguini

Kabak Linguini

4 ila 6 porsiyon yapar

Küçük veya orta boy kabak satın alma dürtüsüne direnin ve umutsuzca daksund büyüklüğünde balkabağı sunan bahçıvan arkadaşlarınıza hayır deyin. Jumbo kabaklar sulu, peynirli ve tatsızdır, ancak sosisli sandviç uzunluğunda ve sucuktan daha kalın olmayanlar yumuşak ve lezzetlidir.

Bu tarifte özellikle güney İtalya'dan gelen keskin ve keskin bir koyun sütü peyniri olan Pecorino Romano'yu seviyorum.

6 küçük yeşil veya sarı kabak (yaklaşık 2 pound)

1/3 su bardağı zeytinyağı

3 diş ince kıyılmış sarımsak

Tuz ve taze çekilmiş karabiber

11/4 su bardağı doğranmış taze fesleğen

2 yemek kaşığı kıyılmış taze maydanoz

1 yemek kaşığı öğütülmüş taze kekik

1 kiloluk linguine

11/2 bardak taze rendelenmiş Pecorino Romano

1.Kabaklara soğuk su altında masaj yapın. Uçları kesin. Uzunlamasına dörde, sonra dilimlere kesin.

iki.Makarnayı alacak kadar büyük bir tavada yağı orta ateşte ısıtın. Kabağı ekleyin ve ara sıra karıştırarak hafifçe kızarıp yumuşayana kadar yaklaşık 10 dakika pişirin. Kabağı tavanın bir tarafına itin ve sarımsak, tuz ve karabiberi ekleyin. 2 dakika pişirin. Otları ekleyin, kabakları baharatlarla birlikte ekleyin ve ocaktan alın.

3.Kabak pişerken geniş bir tencerede 4 litre suyu kaynatın. 2 yemek kaşığı tuzu ve ardından makarnayı ekleyin. İyice karıştırın. Makarna al dente, yumuşak ama ısırmaya dayanıklı hale gelinceye kadar sık sık karıştırarak yüksek ateşte pişirin. Yemek pişirmek için biraz su ayırın.

Dört.Makarnayı boşaltın. Makarnayı kabakla birlikte tavaya ekleyin. İyice karıştırın, gerekirse biraz pişirme suyu ekleyin. Peyniri ekleyip tekrar karıştırın. Derhal servis yapın.

Izgara sebzeli penne

Alla Griglia sebzeli makarna

4 ila 6 porsiyon yapar

Genellikle patlıcanların kabuğunu bırakıyorum ama ızgarada pişirmek kabuğunu sertleştirdiği için ızgarayı açmadan önce kabuğunu soyuyorum. Ayrıca patlıcanlarınız çiftlikte taze değilse, sebze olgunlaştıkça artan acıyı azaltmak için pişirmeden önce tuzlayabilirsiniz. Bunu yapmak için patlıcanı soyun ve dilimleyin, ardından dilimleri bir kevgir içine koyun ve her katmana kaba tuz serpin. Sıvının çıkması için 30 ila 60 dakika bekletin. Tuzu durulayın, kurutun ve talimatlara göre pişirin.

2 kilo erik domates (yaklaşık 12)

Zeytin yağı

1 orta boy patlıcan, soyulmuş ve kalın dilimlenmiş

2 orta boy tatlı soğan, kırmızı veya beyaz, kalın dilimlenmiş

Tuz ve taze çekilmiş karabiber

2 diş sarımsak, çok ince doğranmış

12 taze fesleğen yaprağı, küçük parçalar halinde kesilmiş

1 kiloluk penne

1 1/2 bardak taze rendelenmiş Pecorino Romano

1.Isı kaynağından yaklaşık 4 inç uzağa bir ızgara ızgarası veya ızgara yerleştirin. Izgarayı veya piliçleri önceden ısıtın. Domatesleri ızgaraya yerleştirin. Maşayla sık sık çevirerek, domatesler yumuşayana ve kabukları hafif kömürleşip gevşeyene kadar pişirin. Domatesleri çıkarın. Patlıcan ve soğan dilimlerini yağla fırçalayın ve üzerine tuz ve karabiber serpin. Sebzeler yumuşayıncaya ve kahverengileşinceye, ancak kararmayana kadar, her bir tarafı yaklaşık 5 dakika ızgarada pişirin.

iki. Domatesleri soyun ve sap uçlarını kesin. Domatesleri geniş bir servis kabına alıp çatal yardımıyla iyice ezin. Tatlandırmak için sarımsak, fesleğen, 1/4 bardak yağ ve tuz ve karabiber ekleyin.

3.Patlıcan ve soğanı ince şeritler halinde kesip domateslere ekleyin.

Dört. Geniş bir tencerede en az 4 litre suyu kaynatın. 2 yemek kaşığı tuzu ve ardından makarnayı ekleyin. İyice karıştırın. Makarna al dente, yumuşak ama ısırmaya dayanıklı hale gelinceye kadar sık sık karıştırarak yüksek ateşte pişirin. Pişirme sıvısının bir kısmını ayırın.

5.Makarnayı boşaltın. Makarnayı sebzelerle birlikte geniş bir servis kabına alın. Makarna kuru görünüyorsa biraz pişirme suyu ekleyin. Peyniri ekleyip hemen servis yapın.

Mantarlı, sarımsaklı ve biberiyeli penne

Mantarlı penne

4 ila 6 porsiyon yapar

Bu tarifte boletus, shiitake, cremini veya standart beyaz çeşit gibi her türlü mantarı kullanabilirsiniz. Kombinasyon özellikle iyidir. Kuzugöbeği gibi gerçekten yabani mantarlarınız varsa, çok sert olabildikleri için onları gerçekten iyi temizlediğinizden emin olun.

1 1/4 su bardağı zeytinyağı

1 pound mantar, ince dilimlenmiş

2 büyük diş sarımsak, ince doğranmış

2 çay kaşığı çok ince doğranmış taze biberiye

Tuz ve taze çekilmiş karabiber

1 pound penne veya farfalle

2 yemek kaşığı tuzsuz tereyağı

2 yemek kaşığı kıyılmış taze maydanoz

1.Makarnayı alacak kadar büyük bir tavada yağı orta ateşte ısıtın. Mantar, sarımsak ve biberiyeyi ekleyin. Sık sık karıştırarak mantarlar sıvılarını salmaya başlayana kadar yaklaşık 10 dakika pişirin. Tadına göre tuz ve karabiber ekleyin. Mantarlar hafifçe kızarana kadar, yaklaşık 5 dakika daha, sık sık karıştırarak pişirin.

iki. Geniş bir tencerede en az 4 litre suyu kaynatın. 2 yemek kaşığı tuzu ve ardından makarnayı ekleyin. İyice karıştırın. Makarna al dente, yumuşak ama ısırmaya dayanıklı hale gelinceye kadar sık sık karıştırarak yüksek ateşte pişirin. Yemek pişirmek için biraz su ayırın.

3.Makarnayı boşaltın. Makarnayı mantar, tereyağı ve maydanozla birlikte tavaya atın. Makarna kuru görünüyorsa biraz pişirme suyundan ekleyin. Derhal servis yapın.

Pancar ve sarımsaklı linguine

Barbabietole ile Linguine

4 ila 6 porsiyon yapar

Makarna ve pancar alışılmadık bir kombinasyon gibi görünebilir ama Emilia-Romagna kıyısındaki küçük bir kasabada denediğimden beri favorilerimden biri haline geldi. Sadece lezzetli değil, aynı zamanda tanıdığım en güzel makarnalardan biri. Etkileyici rengine herkes hayran kalacak. Bunu, taze pancarların en tatlı olduğu yaz sonlarında ve sonbahar başlarında yapın.

8 orta boy pancar, doğranmış

1/3 su bardağı zeytinyağı

3 diş ince kıyılmış sarımsak

bir tutam ezilmiş kırmızı biber veya tadı

Tuz

1 kiloluk linguine

1.Rafı fırının ortasına yerleştirin. Fırını önceden 450°F'a ısıtın. Pancarları ovalayın ve büyük bir folyo tabakasına sarın ve sıkıca kapatın. Paketi fırın tepsisine yerleştirin. Boyutuna bağlı olarak 45 ila 75 dakika veya pancarlar keskin bir bıçakla delindiğinde yumuşayana kadar pişirin. Pancarları folyo içinde soğumaya bırakın. Pancarı soyun ve doğrayın.

iki. Pişen makarnaları alacak büyüklükte bir tavaya yağı dökün. Sarımsak ve ezilmiş kırmızı biberi ekleyin. Sarımsak altın rengi olana kadar orta ateşte yaklaşık 2 dakika pişirin. Pancarları ekleyin ve iyice ısınana kadar yağ karışımına atın.

3.Geniş bir tencerede en az 4 litre suyu kaynatın. 2 yemek kaşığı tuzu ve ardından makarnayı ekleyin. İyice karıştırın. Makarna al dente, yumuşak ama ısırmaya dayanıklı hale gelinceye kadar sık sık karıştırarak yüksek ateşte pişirin.

Dört. Makarnayı süzüp pişirme suyunun bir kısmını ayırın. Linguini pancarla birlikte tavaya dökün. Pişirme suyundan biraz ekleyin ve orta ateşte, makarnayı çatal ve kaşıkla eşit renk alana kadar yaklaşık 2 dakika çevirerek pişirin. Derhal servis yapın.

Pancar ve yeşilliklerle papyon

Barbabietole ile Farfalle

4 ila 6 porsiyon yapar

Bu bir varyasyon<u>Pancar ve sarımsaklı linguine</u>Hem pancar hem de pancar yeşilliklerini kullanan tarif. Pancar uçları yumuşak veya kahverengi görünüyorsa, yaklaşık yarım kiloyu taze ıspanak, pazı veya diğer yeşilliklerle değiştirin.

1 demet taze pancar uçları (4 ila 5 pancar)

1/3 su bardağı zeytinyağı

2 büyük diş sarımsak, ince doğranmış

Tuz ve taze çekilmiş karabiber

1 pound farfalle

4 ons ricotta salatası, kıyılmış

1.Rafı fırının ortasına yerleştirin. Fırını önceden 450° F'ye ısıtın. Pancar yeşilliklerini doğrayın ve bir kenara koyun. Pancarları silin ve büyük bir alüminyum folyoya sarın ve sıkıca kapatın.

Paketi fırın tepsisine yerleştirin. Boyutuna bağlı olarak 45 ila 75 dakika veya pancarlar keskin bir bıçakla delindiğinde yumuşayana kadar pişirin. Pancarları folyo içinde soğumaya bırakın. Folyoyu açın, ardından pancarları soyun ve doğrayın.

iki. Sebzeleri iyice yıkayıp sert saplarını çıkarın. Büyük bir tencereye suyu kaynatın. Tadına göre sebze ve tuz ekleyin. 5 dakika veya sebzeler neredeyse yumuşayana kadar pişirin. Sebzeleri akan su altında boşaltın ve soğutun. Sebzeleri büyük parçalar halinde kesin.

3.Tüm makarna ve sebzeleri alacak büyüklükte bir tavaya yağı dökün. Sarımsağı ekleyin. Sarımsak altın rengi olana kadar orta ateşte yaklaşık 2 dakika pişirin. Pancar ve sebzeleri, bir tutam tuz ve karabiberi ekleyin. Yaklaşık 5 dakika veya sebzeler iyice ısınana kadar karıştırarak pişirin.

Dört. Geniş bir tencerede en az 4 litre suyu kaynatın. 2 yemek kaşığı tuzu ve ardından makarnayı ekleyin. İyice karıştırın. Makarna al dente, yumuşak ama ısırmaya dayanıklı hale gelinceye kadar sık sık karıştırarak yüksek ateşte pişirin.

5.Makarnayı süzüp pişirme suyunun bir kısmını ayırın. Makarnayı pancarla birlikte tavaya ekleyin. Biraz pişirme suyu ekleyin ve makarnanın rengi aynı oluncaya kadar sürekli karıştırarak yaklaşık 1 dakika pişirin. Peyniri ekleyip tekrar karıştırın. Bol miktarda taze çekilmiş karabiber serperek hemen servis yapın.

Salatalı makarna

Insalatalı Makarna

4 ila 6 porsiyon yapar

Taze sebze salatasıyla karıştırılmış makarna, lezzetli ve hafif bir yaz yemeğidir. Bunu Piedmont'taki arkadaşlarımı ziyaret ederken yaşadım. Çok uzun süre bekletmeyin, aksi takdirde sebzeler lezzetini ve parlaklığını kaybeder.

2 orta boy domates, doğranmış

1 orta boy rezene soğan, kesilmiş ve küçük parçalar halinde kesilmiş

1 küçük kırmızı soğan, doğranmış

1 1/4 su bardağı sızma zeytinyağı

2 yemek kaşığı fesleğen, ince şeritler halinde kesilmiş

Tuz ve taze çekilmiş karabiber

2 bardak roka, küçük parçalar halinde kesilmiş

1 kiloluk dirsekler

1.Büyük bir servis kabında domates, rezene, soğan, zeytinyağı, fesleğen ve damak tadınıza göre tuz ve karabiberi bir araya getirin. İyice karıştırın. Üzerine roka koyun.

iki.Geniş bir tencerede en az 4 litre suyu kaynatın. 2 yemek kaşığı tuzu ve ardından makarnayı ekleyin. Makarna al dente, yumuşak ama ısırmaya dayanıklı hale gelinceye kadar sık sık karıştırarak yüksek ateşte pişirin. Yemek pişirmek için biraz su ayırın. Makarnayı boşaltın.

3.Makarnayı salata karışımıyla karıştırın. Makarna kuru görünüyorsa biraz pişirme suyundan ekleyin. Derhal servis yapın.

Közlenmiş domatesli düdük

Pomodori al Forno ile düdük

4 ila 6 porsiyon yapar

Kavrulmuş domates evimde en sevdiğim garnitürdür; balık, dana pirzola veya biftekle birlikte servis ettiğim bir şeydir. Bir gün büyük bir tava hazırladı ama yanında kurutulmuş makarna dışında servis edecek hiçbir şeyi yoktu. Taze pişmiş düdüğün içine kavrulmuş domatesleri ve suyunu ekledim. Artık bunu her zaman yapıyorum.

2 pound olgun erik domates (yaklaşık 12 ila 14), 1/4 inç kalınlığında dilimler halinde kesilmiş

3 büyük diş sarımsak, ince doğranmış

11/2 çay kaşığı kurutulmuş kekik

Tuz ve taze çekilmiş karabiber

1/3 su bardağı zeytinyağı

1 kiloluk düdük

11/2 su bardağı doğranmış taze fesleğen veya düz yapraklı maydanoz

1.Rafı fırının ortasına yerleştirin. Fırını önceden 400° F'ye ısıtın. 13 x 9 x 2 inçlik bir fırın tepsisini veya fırın tepsisini yağlayın.

iki.Hazırlanan tepsiye domates dilimlerinin yarısını yayın. Tatmak için sarımsak, kekik, tuz ve karabiber serpin. Kalan domatesleri üstüne yerleştirin. Yağ ile gezdirin.

3.Domatesler yumuşayana kadar 30 ila 40 dakika pişirin. Yiyeceği fırından çıkarın.

Dört.Geniş bir tencerede en az 4 litre suyu kaynatın. 2 yemek kaşığı tuzu ve ardından makarnayı ekleyin. İyice karıştırın. Makarna al dente, yumuşak ama ısırmaya dayanıklı hale gelinceye kadar sık sık karıştırarak yüksek ateşte pişirin. Makarnayı süzüp pişirme suyunun bir kısmını ayırın.

5.Salçayı kavrulmuş domateslerin üzerine sürün ve iyice karıştırın. Fesleğen veya maydanozu ekleyip tekrar karıştırın, eğer makarna kuru görünüyorsa biraz pişirme suyu ekleyin. Derhal servis yapın.

Patates, domates ve roka ile dirsekler

bayrak

6 ila 8 porsiyon yapar

Puglia'da bu makarnaya İtalyan bayrağının kırmızı, beyaz ve yeşil renklerini taşıdığı için "bayrak" adı veriliyor. Bazı aşçılar bunu daha fazla sıvıyla hazırlayıp çorba olarak servis ederler.

11/4 su bardağı zeytinyağı

2 büyük diş sarımsak, ince doğranmış

bir tutam toz kırmızı biber

11/2 pound olgun erik domates, soyulmuş, çekirdekleri çıkarılmış ve doğranmış (yaklaşık 3 bardak)

2 yemek kaşığı doğranmış taze fesleğen

Tuz ve taze çekilmiş karabiber

1 kiloluk dirsekler

3 orta boy haşlanmış patates (1 pound), soyulmuş ve 1/2 inçlik parçalar halinde kesilmiş

2 demet roka, kesilmiş ve 1 inçlik parçalar halinde kesilmiş (yaklaşık 4 bardak)

1/3 su bardağı taze rendelenmiş Pecorino Romano

1.Makarnayı alacak büyüklükte bir tavaya yağı dökün. Sarımsak ve ezilmiş kırmızı biberi ekleyin. Sarımsak altın rengi olana kadar orta ateşte 2 dakika pişirin.

iki.Tatmak için domates, fesleğen, tuz ve karabiber ekleyin. Kaynatın ve ara sıra karıştırarak, sos hafifçe koyulaşana kadar yaklaşık 10 dakika pişirin.

3.Geniş bir tencerede en az 4 litre suyu kaynatın. 2 yemek kaşığı tuzu ve ardından makarnayı ekleyin. İyice karıştırın. Su tekrar kaynayınca patatesleri ekleyin. Makarna al dente, yumuşak ama ısırmaya dayanıklı hale gelinceye kadar sık sık karıştırarak pişirin.

Dört.Makarnayı ve patatesleri süzüp pişirme suyunun bir kısmını ayırın. Kaynayan domates sosuna makarnayı, patatesi ve rokayı ekleyin. 1 ila 2 dakika veya makarna ve sebzeler sosla iyice kaplanana kadar karıştırarak pişirin. Makarna kuru görünüyorsa biraz pişirme suyu ekleyin.

5.Peyniri ekleyip hemen servis yapın.

Rustik Roma Tarzı Linguine

Linguine alla Ciociara

4 ila 6 porsiyon yapar

İtalyan yemekleri ve şarapları hakkında yazan arkadaşlarım Diane Darrow ve Tom Maresca beni bu marul makarnayla tanıştırdı. Adı yerel lehçede "köylü kadın tarzı" anlamına geliyor. Yeşil biberin taze, bitkisel tadı bu sade makarnayı olağanüstü kılıyor.

1 orta boy yeşil dolmalık biber

11/2 su bardağı zeytinyağı

2 su bardağı soyulmuş, çekirdeği çıkarılmış ve doğranmış taze domates veya konserve ithal İtalyan domatesi, süzülmüş ve doğranmış

1/2 su bardağı iri kıyılmış siyah Gaeta zeytini veya ince yağda muhafaza edilmiş diğer siyah zeytin

Tuz

bir tutam toz kırmızı biber

1 kiloluk linguine veya spagetti

11/2 bardak taze rendelenmiş Pecorino Romano

1.Biberleri ikiye bölüp sapını ve çekirdeklerini çıkarın. Biberleri uzunlamasına çok ince dilimleyin, ardından dilimleri çapraz olarak üçe bölün.

iki.Pişmiş spagettiyi alacak kadar büyük bir tavada yağı orta ateşte ısıtın. Tatlandırmak için domates, biber, zeytin, tuz ve ezilmiş kırmızı biber ekleyin. Kaynatın ve ara sıra karıştırarak sos hafifçe koyulaşana kadar yaklaşık 20 dakika pişirin.

3.Geniş bir tencerede en az 4 litre suyu kaynatın. 2 yemek kaşığı tuzu ve ardından makarnayı ekleyin. İyice karıştırın. Makarna al dente, yumuşak ama ısırmaya dayanıklı hale gelinceye kadar sık sık karıştırarak yüksek ateşte pişirin. Makarnayı süzüp pişirme suyunun bir kısmını ayırın.

Dört.Makarnayı sosla birlikte tavaya ekleyin. Makarna kuru görünüyorsa, ayrılmış pişirme suyundan bir kısmını ekleyerek 1 dakika boyunca orta ateşte pişirin ve karıştırın. Peyniri ekleyip tekrar karıştırın. Derhal servis yapın.

Bahar sebzeli ve sarımsaklı penne

Penne alla primavera

4 ila 6 porsiyon yapar

Salsa primavera yapmanın klasik yolu yoğun krema ve tereyağı kullanmak olsa da, sarımsakla tatlandırılmış zeytinyağına dayalı bu yöntem de iyidir.

11/4 su bardağı zeytinyağı

4 diş ince kıyılmış sarımsak

8 kuşkonmaz ucu, küçük parçalar halinde kesilmiş

4 yeşil soğan, 1⁄4 inçlik dilimler halinde kesilmiş

3 çok küçük kabak (yaklaşık 12 ons), 1⁄4 inçlik dilimler halinde kesilmiş

2 orta boy havuç, 1⁄4 inçlik dilimler halinde kesilmiş

2 yemek kaşığı su

Tuz ve taze çekilmiş karabiber

2 su bardağı küçük kiraz veya üzüm domates, yarıya bölünmüş

3 yemek kaşığı kıyılmış taze maydanoz

11/2 bardak taze rendelenmiş Pecorino Romano

1.Makarnayı alacak büyüklükte bir tavaya yağı dökün. Sarımsakları ekleyin ve orta ateşte 2 dakika pişirin. Kuşkonmaz, yeşil soğan, kabak, havuç, su ve damak tadınıza göre tuz ve karabiber ekleyin. Tavayı kapatın ve ısıyı azaltın. Havuçlar neredeyse yumuşayana kadar 5 ila 10 dakika pişirin.

iki. Geniş bir tencerede en az 4 litre suyu kaynatın. 2 yemek kaşığı tuzu ve ardından makarnayı ekleyin. İyice karıştırın. Makarna al dente, yumuşak ama ısırmaya dayanıklı hale gelinceye kadar sık sık karıştırarak yüksek ateşte pişirin. Makarnayı süzüp pişirme suyunun bir kısmını ayırın.

3.Domatesleri ve maydanozu sebzelerle birlikte tavaya alıp iyice karıştırın. Makarnayı ve peyniri ekleyip tekrar karıştırın, eğer makarna kuru görünüyorsa biraz pişirme suyu ekleyin. Derhal servis yapın.

Kremalı ve mantarlı "Arrastrada" makarna

Makarna Strascinata

4 ila 6 porsiyon yapar

Umbria'daki Torgiano'yu ziyaret etmenin ana nedeni, mükemmel bir restorana sahip güzel bir kır hanı olan Le Tre Vaselle'de kalmaktır. Birkaç yıl önce kocam ve ben orada bu alışılmadık "uzatılmış" makarnayı yedik. Pennet adı verilen kısa, sivri uçlu makarna tüpleri, risotto tarzında doğrudan sosun içinde pişirilirdi. Bu kadar pişmiş makarnayı başka hiçbir yerde görmemiştim.

Teknik tamamen farklı olduğundan, başlamadan önce tarifi mutlaka okuyun ve başlamadan önce et suyunu sıcak ve tüm malzemeleri elinizde bulundurun.

Lungarotti şarap üreticisi ailesinin sahibi Le Tre Vaselle ve Rubesco gibi mükemmel kırmızı şaraplarından biri bu makarnayla ideal olacaktır.

1 orta boy soğan, ince doğranmış

6 yemek kaşığı zeytinyağı

1 pound pennette, ditalini veya tubetti

2 yemek kaşığı brendi

5 bardak sıcak ev yapımıEt suyuherhangi biriTavuk çorbasıveya 3
bardak su ile karıştırılmış 2 bardak konserve suyu

8 ons dilimlenmiş beyaz mantar

Tuz ve taze çekilmiş karabiber

31/4 bardak ağır krema

1 bardak taze rendelenmiş Parmigiano-Reggiano

1 yemek kaşığı kıyılmış taze maydanoz

1.Tüm makarnayı alacak kadar büyük bir tavada, soğanı 2
yemek kaşığı yağda orta ateşte yumuşak ve altın rengi olana
kadar yaklaşık 10 dakika pişirin. Soğanı bir tabağa koyun ve
tavayı temizleyin.

iki. Kalan 4 yemek kaşığı yağı tavaya dökün ve orta ateşte ısıtın.
Makarnayı ekleyin ve sık sık karıştırarak makarna
kahverengileşene kadar yaklaşık 5 dakika pişirin. Konyak
ekleyin ve buharlaşana kadar pişirin.

3.Soğanları tavaya geri koyun ve 2 bardak sıcak et suyunu ekleyin. Isıyı orta-yüksek seviyeye düşürün ve et suyunun çoğu emilene kadar sık sık karıştırarak pişirin. 2 bardak daha stok ekleyin. Sıvının çoğu emildiğinde mantarları ekleyin. Makarnayı nemli tutmak için, kalan suyu birer birer dökün ve sürekli karıştırın. Tuz ve karabiberle tatlandırın.

Dört. Et suyunu eklemeye başladıktan yaklaşık 12 dakika sonra makarna neredeyse al dente, yumuşak fakat ısırmaya karşı sert olmalıdır. Kremayı ekleyin ve hafifçe koyulaşana kadar yaklaşık 1 dakika pişirin.

5.Tavayı ocaktan alıp peyniri ekleyin. Maydanozu ekleyip hemen servis yapın.

Domates ve mozarellalı Roma makarnası

Tüm Çek makarnaları

4 ila 6 porsiyon yapar

Kocam bu makarnayı Roma'da ilk kez denediğinde o kadar beğendi ki kaldığımız süre boyunca neredeyse her gün yedi. Kremalı taze mozarella ve çok olgun domates kullandığınızdan emin olun. Yaz günleri için mükemmel bir makarnadır.

3 orta boy olgun domates

1 1/4 su bardağı sızma zeytinyağı

1 küçük diş sarımsak, ince doğranmış

Tuz ve taze çekilmiş karabiber

20 fesleğen yaprağı

1 kiloluk tubetti veya ditalini

8 ons taze mozarella, küçük küpler halinde kesilmiş

1.Domatesleri ikiye bölüp çekirdeğini çıkarın. Domatesin çekirdeklerini sıkın. Domatesleri doğrayın ve tüm malzemeleri alacak kadar büyük bir kaseye koyun.

iki. Tadına göre yağ, sarımsak ve tuz ve karabiber ekleyin. Fesleğen yapraklarını üst üste koyun ve ince şeritler halinde kesin. Fesleğenleri domateslerin üzerine ekleyin. Bu sos önceden hazırlanıp oda sıcaklığında 2 saate kadar saklanabilir.

3.Geniş bir tencerede en az 4 litre suyu kaynatın. 2 yemek kaşığı tuzu ve ardından makarnayı ekleyin. İyice karıştırın. Makarna al dente, yumuşak ama ısırmaya dayanıklı hale gelinceye kadar sık sık karıştırarak yüksek ateşte pişirin. Makarnayı süzün ve sosla karıştırın. Mozarellayı ekleyip tekrar karıştırın. Derhal servis yapın.

Ton balıklı ve domatesli düdük

Fusilli al Tonno

4 ila 6 porsiyon yapar

Her ne kadar ızgarada kızartılmış taze ton balığı bifteğinin tadını çıkarsam da muhtemelen konserve ton balığını daha çok tercih edeceğimi düşünüyorum. Elbette harika sandviçler ve salatalar yapar, ancak İtalyanların klasik Vitello Tonnato'da olduğu gibi başka kullanımları da vardır (Ton balığı soslu dana eti) Sicilya'daki aşçıların genellikle yaptığı gibi dana eti ile veya pate şeklinde veya makarna ile. Bu sos için suya paketlenmiş ton balığı kullanmayın. Tadı çok yumuşak ve dokusu çok ıslak. En iyi lezzet ve doku için İtalya veya İspanya'dan zeytinyağıyla paketlenmiş kaliteli ton balığı kullanın.

3 orta boy domates, doğranmış

Zeytinyağlı 1 kutu (7 ons) ithal İtalyan veya İspanyol ton balığı

10 doğranmış taze fesleğen yaprağı

11/2 çay kaşığı kurutulmuş kekik, ufalanmış

bir tutam toz kırmızı biber

Tuz

1 pound düdük veya rotella

1.Büyük bir kapta domatesleri, ton balığını yağ, fesleğen, kekik, kırmızı biber ve isteğe göre tuzla karıştırın.

iki. Geniş bir tencerede en az 4 litre suyu kaynatın. 2 yemek kaşığı tuzu ve ardından makarnayı ekleyin. İyice karıştırın. Makarna al dente, yumuşak ama ısırmaya dayanıklı hale gelinceye kadar sık sık karıştırarak yüksek ateşte pişirin. Yemek pişirmek için biraz su ayırın. Makarnayı boşaltın.

3.Makarnayı sosla karıştırın. Makarna kuru görünüyorsa biraz pişirme suyundan ekleyin. Derhal servis yapın.

Sicilya pestolu Linguine

Trapanese Pesto Linguine

4 ila 6 porsiyon yapar

Pesto sosu genellikle Liguria ile ilişkilendirilir ancak çoğunlukla fesleğen ve sarımsakla ilişkilidir. Pesto İtalyanca'da ezilmiş, doğranmış veya ezilmiş herhangi bir şey anlamına gelir; bu sos genellikle Batı Sicilya'daki bir sahil kasabası olan Trapani'de bu şekilde yapılır.

Bu yemeğin çok fazla lezzeti var; peynire gerek yok.

1 1/2 su bardağı beyazlatılmış badem

2 büyük diş sarımsak

1 1/2 su bardağı paketlenmiş taze fesleğen yaprağı

Tuz ve taze çekilmiş karabiber

1 pound taze domates, soyulmuş, çekirdekleri çıkarılmış ve doğranmış

1/3 su bardağı sızma zeytinyağı

1 kiloluk linguine

1.Bir mutfak robotu veya blenderde bademleri, sarımsağı, fesleğeni, tuzu ve karabiberi damak tadınıza göre birleştirin. Malzemeleri güzelce doğrayın. Domatesleri ve yağı ekleyip pürüzsüz hale gelinceye kadar işleyin.

iki. Geniş bir tencerede en az 4 litre suyu kaynatın. 2 yemek kaşığı tuzu, ardından makarnayı ekleyin ve makarna tamamen suyla kaplanana kadar yavaşça aşağı doğru bastırın. İyice karıştırın. Makarna al dente, yumuşak ama ısırmaya dayanıklı hale gelinceye kadar sık sık karıştırarak yüksek ateşte pişirin. Yemek pişirmek için biraz su ayırın. Makarnayı boşaltın.

3.Sıcak servis yapmak için makarnayı geniş bir kaseye dökün. Sosu ekleyin ve iyice karıştırın. Makarna kuru görünüyorsa, ayırdığınız makarna suyundan bir miktar ekleyin. Derhal servis yapın.

Pesto "Loco" ile spagetti

Matto pestolu spagetti

4 ila 6 porsiyon yapar

Bu tarif İtalya'da Agnesi makarna tarafından yayınlanan "Makarna Pişirmenin Zevkleri" kitapçığından alınmıştır. Tarifler ev aşçıları tarafından sunuldu ve bu tarifin yazarı muhtemelen bu alışılmadık pestoyu doğaçlama yaptı (dolayısıyla adı).

2 orta boy olgun domates, soyulmuş, çekirdekleri çıkarılmış ve doğranmış

1 1/2 su bardağı doğranmış siyah zeytin

6 fesleğen yaprağı, istiflenmiş ve ince şeritler halinde kesilmiş

1 yemek kaşığı öğütülmüş taze kekik

1 1/4 su bardağı zeytinyağı

Tuz ve taze çekilmiş karabiber

1 kiloluk spagetti veya linguine

4 ons taze yumuşak keçi peyniri

1.Büyük bir servis kabında domates, zeytin, fesleğen, kekik, yağ ve damak tadınıza göre tuz ve karabiberi bir araya getirin.

iki. Geniş bir tencerede en az 4 litre suyu kaynatın. 2 yemek kaşığı tuzu, ardından makarnayı ekleyin ve makarna tamamen suyla kaplanana kadar yavaşça aşağı doğru bastırın. İyice karıştırın. Yüksek ateşte, sık sık karıştırarak, makarnalar yumuşayıncaya kadar pişirin. Makarnayı boşaltın.

3.Makarnayı domatesli kaseye ekleyin ve iyice karıştırın. Keçi peynirini ekleyip tekrar karıştırın. Derhal servis yapın.

Çiğ Puttanesca soslu kelebekler

Farfalle alla Puttanesca

4 ila 6 porsiyon yapar

Bu makarna sosunun malzemeleri şuna benzer:<u>Hamsi ve baharatlı domates soslu linguine</u>ancak tadı tamamen farklıdır çünkü bu sos pişirme gerektirmez.

1 litre kiraz veya üzüm domates (ikiye bölünmüş)

6 ila 8 dilimlenmiş hamsi filetosu

1 büyük diş sarımsak, çok ince doğranmış

1/2 bardak Gaeta veya diğer yumuşak, çekirdekleri çıkarılmış siyah zeytin, doğranmış

1/4 bardak ince kıyılmış taze düz maydanoz

2 yemek kaşığı kapari, durulanmış ve doğranmış

1 1/2 çay kaşığı kurutulmuş kekik

1 1/4 su bardağı sızma zeytinyağı

Tatmak için tuz

bir tutam toz kırmızı biber

1 pound kuru farfalle veya fettuccine

1.Büyük bir kapta domates, hamsi, sarımsak, zeytin, maydanoz, kapari, kekik, yağ, tuz ve kırmızı pul biberi birleştirin. 1 saat oda sıcaklığında bekletin.

iki.Geniş bir tencerede en az 4 litre suyu kaynatın. 2 yemek kaşığı tuzu ve ardından makarnayı ekleyin. İyice karıştırın. Yüksek ateşte, sık sık karıştırarak, makarnalar yumuşayıncaya kadar pişirin. Yemek pişirmek için biraz su ayırın. Makarnayı boşaltın.

3.Makarnayı sosla karıştırın. Makarna kuru görünüyorsa biraz pişirme suyundan ekleyin. Derhal servis yapın.

Çiğ sebzeli makarna

Makarna alla Crudaiola

4 ila 6 porsiyon yapar

Kereviz bu kolay yaz makarnasına çıtırlık, limon suyu ise temiz, hafif bir tat verir.

2 pound olgun domates, soyulmuş, çekirdekleri çıkarılmış ve doğranmış

1 diş sarımsak, çok ince doğranmış

1 su bardağı bebek kereviz kaburgası, ince dilimlenmiş

1 1/2 bardak fesleğen yaprağı, istiflenmiş ve ince şeritler halinde kesilmiş

1/2 bardak Gaeta veya başka yumuşak siyah zeytin, çekirdekleri çıkarılmış ve doğranmış

1 1/4 su bardağı sızma zeytinyağı

1 yemek kaşığı limon suyu

Tuz ve taze çekilmiş karabiber

1 kiloluk düdük veya gemelli

1.Domatesleri sarımsak, kereviz, fesleğen ve zeytinle birlikte geniş bir kaseye koyun ve iyice karıştırın. Damak zevkinize göre yağ, limon suyu, tuz ve karabiber ekleyin.

iki.Geniş bir tencerede en az 4 litre suyu kaynatın. 2 yemek kaşığı tuzu ve ardından makarnayı ekleyin. İyice karıştırın. Yüksek ateşte, sık sık karıştırarak, makarnalar yumuşayıncaya kadar pişirin. Makarnayı süzün ve hızlıca sosla karıştırın. Derhal servis yapın.

Spagetti "Acele et"

Spagetti Sciue 'Sciue'

4 ila 6 porsiyon yapar

Mini Üzüm Domatesler harika bir domates aromasına sahiptir ve tüm yıl boyunca mevsimindedir. Kiraz domatesleri de bu tarifte işe yarar. Napoliten deyimi sciue 'sciue' (shoo-ay, shoo-ay olarak telaffuz edilir) "acele et" gibi bir anlama gelir ve bu sos hızla bir araya gelir.

11/4 su bardağı zeytinyağı

3 diş sarımsak, ince dilimlenmiş

bir tutam toz kırmızı biber

3 su bardağı üzüm domates veya kiraz domates, yarıya bölünmüş

Tuz

Bir tutam kurutulmuş kekik, ufalanmış

1 kiloluk spagetti

1.Pişen makarnaları alacak büyüklükte bir tavaya yağı dökün. Sarımsak ve kırmızı biberi ekleyin. Sarımsak hafifçe kızarana kadar orta ateşte yaklaşık 2 dakika pişirin. Tatlandırmak için domates, tuz ve kekik ekleyin. Bir veya iki kez karıştırarak 10 dakika veya domatesler yumuşayana ve meyve suları hafifçe koyulaşana kadar pişirin. Ateşi söndür.

iki.Geniş bir tencerede en az 4 litre suyu kaynatın. 2 yemek kaşığı tuzu, ardından makarnayı ekleyin ve makarna tamamen suyla kaplanana kadar yavaşça aşağı doğru bastırın. İyice karıştırın. Makarna al dente, yumuşak ama ısırmaya dayanıklı hale gelinceye kadar sık sık karıştırarak yüksek ateşte pişirin. Makarnayı süzüp pişirme suyunun bir kısmını ayırın.

3.Makarnayı domates soslu tavaya koyun. Yüksek ateşte ısıtın ve karıştırarak 1 dakika pişirin. Makarna kuru görünüyorsa biraz pişirme suyundan ekleyin. Derhal servis yapın.

Penne "kızgın"

Penne all'Arrabbiata

4 ila 6 porsiyon yapar

Roma tarzındaki bu pennelere, domates sosunun sıcak tadı nedeniyle "kızgın" adı veriliyor. Dilediğiniz kadar çok veya az toz kırmızı biber kullanın. Bu makarna genellikle peynirsiz servis edilir.

11/4 su bardağı zeytinyağı

4 diş sarımsak, hafifçe doğranmış

Tadına göre ezilmiş kırmızı biber

2 pound taze domates, soyulmuş, çekirdekleri çıkarılmış ve doğranmış veya 1 kutu (28 ons) ithal İtalyan soyulmuş domates, süzülmüş ve doğranmış

2 yaprak taze fesleğen

Tuz

1 kiloluk penne

1.Bütün makarnaları alacak büyüklükte bir tavaya yağı dökün. Sarımsak ve biberi ekleyin ve sarımsaklar kızarana kadar yaklaşık 5 dakika pişirin. Sarımsakları çıkarın.

iki. Tatmak için domates, fesleğen ve tuz ekleyin. 15 ila 20 dakika veya sos kalınlaşana kadar pişirin.

3.Geniş bir tencerede en az 4 litre suyu kaynatın. 2 yemek kaşığı tuzu ve ardından makarnayı ekleyin. İyice karıştırın. Makarna al dente, yumuşak ama ısırmaya dayanıklı hale gelinceye kadar sık sık karıştırarak yüksek ateşte pişirin. Yemek pişirmek için biraz su ayırın. Makarnayı boşaltın.

Dört. Kalemi tavaya aktarın ve yüksek ateşte iyice karıştırın. Makarna kuru görünüyorsa biraz pişirme suyundan ekleyin. Derhal servis yapın.

Ricotta ve domates soslu Rigatoni

Ricotta ve Pomodoro soslu Rigatoni

4 ila 6 porsiyon yapar

Bu, karşı konulamaz makarna servisinin eski moda bir Güney İtalya yöntemidir. Bazı aşçılar makarnayı sadece domates sosuyla süslemeyi, ardından ricotta'yı ayrı ayrı servis etmeyi sever, bazıları ise servis yapmadan önce her şeyi birlikte karıştırmayı sever. Seçim senin.

21/2 su bardağı domates sosu

1 pound rigatoni, tarak veya cavatelli

Tuz

Oda sıcaklığında 1 bardak tam veya kısmen yağsız ricotta

Tadına göre taze rendelenmiş Pecorino Romano veya Parmigiano-Reggiano

1. Gerekirse sosu hazırlayın. Geniş bir tencerede en az 4 litre suyu kaynatın. 2 yemek kaşığı tuzu ve ardından makarnayı ekleyin. İyice karıştırın. Makarna al dente, yumuşak ama

ısırmaya dayanıklı hale gelinceye kadar sık sık karıştırarak yüksek ateşte pişirin.

iki. Makarna haşlanırken gerekirse sosu kaynatın.

3.Sıcak servis kasesine acı sosun bir kısmını koyun. Makarnayı süzüp bir kaseye koyun. Hemen karıştırın, tadına daha fazla sos ekleyin. Ricottayı ekleyin ve iyice karıştırın. Rendelenmiş peyniri ayrı ayrı aktarın. Derhal servis yapın.

Kiraz domatesli ve ekmek kırıntılı kelebekler

Farfalle al Pomodorini ve Briciole

4 ila 6 porsiyon yapar

Bu makarna şu anda İtalya'da çok moda. Üzerine biraz sızma zeytinyağı gezdirerek servis yapın.

6 yemek kaşığı zeytinyağı

1 pound kiraz veya üzüm domates, uzunlamasına ikiye bölünmüş

1/2 su bardağı kuru ekmek kırıntısı

11/4 bardak taze rendelenmiş Pecorino Romano

2 yemek kaşığı kıyılmış taze maydanoz

Tuz ve taze çekilmiş karabiber

1 pound farfalle

sızma zeytinyağı

1.Rafı fırının ortasına yerleştirin. Fırını önceden 350°F'ye ısıtın. 13 x 9 x 2 inçlik bir pişirme kabına 4 yemek kaşığı yağ püskürtün. Domatesleri kesilmiş tarafı yukarı gelecek şekilde tavaya yayın.

iki.Küçük bir kapta galeta unu, peynir, maydanoz, kalan 2 yemek kaşığı zeytinyağı ve damak tadınıza göre tuz ve karabiberi birleştirin. Hazırladığınız harcı domateslerin üzerine yayın. 30 dakika veya domatesler yumuşayana ve ekmek kırıntıları hafifçe kızarıncaya kadar pişirin.

3.Geniş bir tencerede en az 4 litre suyu kaynatın. 2 yemek kaşığı tuzu ve ardından makarnayı ekleyin. İyice karıştırın. Yüksek ateşte, sık sık karıştırarak, makarna yumuşayıncaya kadar, ancak hafifçe pişene kadar pişirin. Makarnayı süzün ve domates ve çiseleyen sızma zeytinyağıyla birlikte tavaya ekleyin. Derhal servis yapın.

buğulanmış istiridye

Conchiglie Ripiene

6 ila 8 porsiyon yapar

Devasa makarna kabukları, domates sosu denizinde yüzen gemilere benziyor. Zengin dolgusu sayesinde bu tariften 6 ila 8 porsiyon çıkıyor. Bu kabuklar bir parti için güzel.

Yaklaşık 4 bardak en sevdiğiniz domates sosu veya ragu,

Tuz

1 paket (12 ons) jumbo istiridye

2 pound tam veya kısmen yağsız ricotta

8 ons taze mozzarella, kıyılmış

1 bardak taze rendelenmiş Parmigiano-Reggiano

2 yemek kaşığı kıyılmış taze maydanoz

1 yumurta, hafifçe çırpılmış

taze çekilmiş karabiber

1. Gerekirse sosu hazırlayın. Geniş bir tencerede en az 4 litre suyu kaynatın. 2 yemek kaşığı tuzu ve ardından makarnayı ekleyin. İyice karıştırın. Makarna yarı pişene, esnek ama yine de çok sert olana kadar sık sık karıştırarak yüksek ateşte pişirin. Makarnayı süzün ve büyük bir soğuk su kabına koyun.

iki. Ricotta, mozzarella peyniri, 1/2 bardak Parmesan peyniri, maydanoz, yumurtayı karıştırın ve tuz ve karabiberle tatlandırın.

3. Rafı fırının ortasına yerleştirin. Fırını önceden 350° F'ye ısıtın. Kabukları tek bir tabaka halinde tutacak kadar büyük bir pişirme kabına ince bir tabaka sos dökün. Makarna kabuklarını iyice süzüp kurulayın. Kabukları peynirli karışımla doldurun ve fırın tepsisine yan yana dizin. Kalan sosu dökün. Kalan 1/2 bardak peyniri serpin.

Dört. Kabukları 25 ila 30 dakika kadar veya sos köpürene ve kabuklar ısıtılıncaya kadar pişirin.

Nohutlu makarna

Makarna ve Ceci

4 porsiyon yapar

*Biraz sızma zeytinyağı, nohutlu makarnanın mükemmel bitişidir.
Eğer lezzetlendirmek istiyorsanız bunlardan bazılarıyla
deneyin<u>kutsal yağ</u>.*

2 yemek kaşığı zeytinyağı

2 ons iri kıyılmış pancetta, ince doğranmış

1 orta boy soğan doğranmış

1 pound domates, soyulmuş, çekirdekleri çıkarılmış ve doğranmış

1 yemek kaşığı doğranmış taze adaçayı

bir tutam toz kırmızı biber

Tuz

2 su bardağı pişmiş veya konserve nohut, süzülmüş

Dirsek veya ditali gibi 8 ons küçük makarna

sızma zeytinyağı

1.Yağı büyük bir tencereye dökün. Pancetta'yı ve soğanı ekleyin ve ara sıra karıştırarak orta ateşte yaklaşık 10 dakika veya yumuşak ve altın rengi kahverengi olana kadar pişirin.

iki. Tatlandırmak için domates, 1/2 su bardağı su, adaçayı, kırmızı biber ve tuz ekleyin. Kaynatın ve 15 dakika pişirin. Nohutları ekleyip 10 dakika daha pişirin.

3.Büyük bir tencerede yaklaşık 4 litre suyu kaynatın. 2 yemek kaşığı tuzu ve ardından makarnayı ekleyin. İyice karıştırın. Makarna yumuşayıncaya kadar fakat ısırılacak kadar sert oluncaya kadar sık sık karıştırarak pişirin. Yemek pişirmek için biraz su ayırın. Makarnayı boşaltın.

Dört. Makarnayı sosla birlikte tavaya ekleyin. İyice karıştırın ve gerekirse biraz pişirme suyu ekleyerek kısık ateşte pişirin. Derhal servis yapın.

Rigatoni Rigoletto

Makarna Rigoletto

6 porsiyon yapar

Bu makarna, adını Verdi'nin ünlü operasının trajik kahramanı Rigoletto'dan almıştır. Hikaye, bu makarnanın çok iyi tanındığı Mantua'da geçiyor.

2 veya 3 İtalyan usulü domuz sosisi (yaklaşık 12 ons)

2 yemek kaşığı zeytinyağı

1 orta boy soğan, ince doğranmış

2 diş sarımsak ince doğranmış

4 yemek kaşığı domates püresi

2 bardak su

2 su bardağı pişmiş kurutulmuş kızılcık veya cannellini fasulyesi, hafifçe süzülmüş

Tuz ve taze çekilmiş karabiber

1 pound rigatoni

1 yemek kaşığı tuzsuz tereyağı

11/4 su bardağı ince kıyılmış taze fesleğen

1/2 bardak taze rendelenmiş Parmigiano-Reggiano

1.Sosislerin iç kısımlarını çıkarın ve eti ince ince doğrayın.

iki.Tüm malzemeleri alacak kadar büyük bir tencereye yağı dökün. Soğanı, sosisi ve sarımsağı ekleyin. Orta ateşte, sık sık karıştırarak, soğanlar yumuşayana ve sosisler hafifçe kızarana kadar yaklaşık 15 dakika pişirin.

3.Domates salçası ve suyu ekleyin. Kaynatın ve 20 dakika veya hafifçe koyulaşana kadar pişirin.

Dört. Fasulyeleri ekleyin ve damak tadınıza göre tuz ve karabiberle tatlandırın. 10 dakika pişirin, kremalı bir sos oluşturmak için fasulyelerin bir kısmını kaşığın arkasıyla ezin.

5.Geniş bir tencerede en az 4 litre suyu kaynatın. 2 yemek kaşığı tuzu ve ardından makarnayı ekleyin. İyice karıştırın. Makarna al dente, yumuşak ama ısırmaya dayanıklı hale gelinceye kadar sık sık karıştırarak yüksek ateşte pişirin. Yemek pişirmek için biraz su ayırın. Makarnayı boşaltın.

6.Makarnayı sosla birlikte tavaya ekleyin, karıştırın ve gerekirse biraz su ekleyerek 1 dakika pişirin. Tereyağı ve fesleğen ekleyin. Peyniri ekleyip tekrar karıştırın. Derhal servis yapın.

www.ingramcontent.com/pod-product-compliance
Lightning Source LLC
Chambersburg PA
CBHW051053050726
47592CB00002B/513